PETIT MANUEL

DE POLICE

A L'USAGE

DES INSPECTEURS ET AGENTS DE POLICE

DES GARDIENS DE LA PAIX

DES SERGENTS DE VILLE

DES GARDES CHAMPÊTRES, APPARITEURS

ET AUTRES

AGENTS DE LA FORCE PUBLIQUE

PAR

C. P. DAYRE

COMMISSAIRE DE POLICE

—

DEUXIÈME ÉDITION

Revue, corrigée et considérablement augmentée.

AIX (B.-du-R.)

Vᵉ REMONDET-AUBIN

ÉDITEUR

Cours Mirabeau, 53

PARIS

MARESCQ AÎNÉ

LIBRAIRE

Rue Soufflot, 20

1877

Aix, Imp. Vve Remondet-Aubin, cours Mirabeau, 53.

Depuis que je suis dans les Commissariats de Police j'ai souvent constaté combien le service des agents et des gardes champêtres laissait à désirer, non qu'ils n'y missent toute la bonne volonté possible, mais bien parce qu'ils n'avaient, pour les guider dans l'exercice de leurs difficiles et délicates fonctions, que l'expérience que donnent parfois le temps et la pratique.

Or, cette expérience, quelque grande qu'elle soit, ne peut tenir lieu du défaut de connaissance des obligations qui leur sont imposées par les lois et règlements de police.

En agissant toujours par routine ils s'exposent

à se trouver quelquefois en face de difficultés qui leur suscitent souvent de graves ennuis, ennuis qu'ils s'éviteraient s'ils avaient sous la main un ouvrage leur faisant connaître la nature et l'étendue de leurs attributions.

C'est ce qui m'a engagé à écrire ce Manuel de Police qui sera pour eux un guide sûr dans l'exercice de leurs fonctions.

Je me suis inspiré des meilleurs et des plus récents ouvrages écrits sur la matière, et me suis surtout attaché à ne faire entrer dans ce volume que ce qui est strictement nécessaire au service des agents et des gardes champêtres.

C. P. D.

A

Abandon. — Toute chose abandonnée sur la voie publique ou perdue doit être remise au commissaire de police. — Il y a vol de la part de celui qui, trouvant un bijou dans une rue, se l'approprie sans en faire la déclaration.

D'animaux. — L'abandon, par les propriétaires, les conducteurs ou les gardiens, d'animaux féroces ou malfaisants, laissés en état de divagation sur la voie publique, constitue une contravention prévue et punie par l'article 475, § 7, du Code pénal. En attendant qu'ils soient réclamés, les animaux sont mis en fourrière aux frais du propriétaire.

De bestiaux. — Les dégâts que les bestiaux de toute espèce, laissés à l'abandon, feront sur les propriétés d'autrui, seront payés par les personnes qui ont la jouissance des bestiaux.

Ce délit est puni par l'article 2 de la loi du 23 thermidor an VI.

De bêtes de charge, trait, chevaux, etc. — L'article 475, § 3, du Code pénal punit d'une amende de 6 à 10 francs les rouliers, conducteurs de voitures quelconques, ou de bêtes de charge, qui auront contrevenu aux règlements par lesquels ils sont obligés de se tenir constamment à portée de leurs chevaux, bêtes de trait ou de charge et de leurs voitures...

En outre, l'article 5 de la loi du 30 mai 1851 punit d'une amende de 6 à 10 francs et d'un emprisonnement de 1 à 3 jours tout voiturier ou conducteur qui n'est pas à portée de ses bêtes de trait, ou en position de les guider.

Cet article n'est applicable qu'aux voitures circulant sur les routes nationales, routes départementales et chemins vicinaux de grande communication.

D'objets pouvant servir aux malfaiteurs. — L'abandon dans les rues, sur les chemins, les places, les lieux publics ou dans les champs, de coutres de charrue, de pinces, de barres, barreaux ou d'autres machines ou instruments, ou d'armes dont puissent abuser les voleurs, est une contravention prévue et punie par l'article 471, § 7, du Code pénal. — Les objets abandonnés sont saisis et mis en fourrière.

D'enfants. — L'abandon, le délaissement ou l'exposition d'un enfant au-dessous de l'âge de sept ans accomplis est un délit prévu et puni par les articles 349 et suivants du Code pénal.

Abat-jour. — Espèce de fenêtre en soupirail. — Les abat-jour ne peuvent être établis, à Paris, sans une autorisation.

Abattage d'arbres. — Le fait d'abattre des arbres appartenant à autrui constitue un délit prévu et puni par les articles 445 et 447 du Code pénal.

Abattoirs. — Les abattoirs publics et communs sont rangés dans la première classe des établissements dangereux, insalubres ou incommodes pour lesquels une autorisation est nécessaire.

Lorsque, dans une localité, il existe un abattoir public et commun, aucune tuerie particulière ne peut être établie sous peine de procès-verbal pour infraction au décret du 31 décembre 1866.

Il existe ordinairement des règlements de police relatifs au service et à la police intérieurs des abattoirs. Les agents doivent constater les contraventions et transmettre leur rapport à leurs chefs.

Abeilles. — Le propriétaire de ruches à miel est responsable des accidents causés par les abeilles échappées de ses ruches.

La loi du 6 octobre 1791 défend de troubler les abeilles dans leurs travaux.

Le vol d'un essaim d'abeilles, que son propriétaire n'a point cessé de suivre, est un délit puni par l'article 401 du Code pénal.

Abords des édifices. — Il est défendu de déposer des ordures aux abords des édifices, bâtiments et maisons particulières. — Article 471, n° 6, du Code pénal.

Abreuvoirs. — La police des abreuvoirs appartient aux maires. — Les contraventions aux arrêtés sont poursuivies et réprimées en vertu de l'article 471, n° 15, du Code pénal.

Abus d'autorité ou de pouvoir. — Les abus d'autorité commis par les agents ou préposés du gouvernement et les fonctionnaires publics sont qualifiés crimes par la loi et punis, conformément aux articles 188 et 189 du Code pénal, de la peine de la réclusion.

Abus de mineurs. — Les articles 406, 407, 408 et 409 du Code pénal punissent : 1° Quiconque aura abusé des besoins, des faiblesses ou des passions d'un mineur pour lui faire souscrire, à son préjudice, des obligations, quittances ou décharges, pour prêt d'argent ou de choses mobilières, ou d'effets de commerce, ou de tous autres effets obligatoires, sous quelque forme que cette négociation ait été faite ou déguisée ;

Abus de blanc seing. — 2° Quiconque aura, abusant d'un blanc seing qui lui a été confié, frauduleusement écrit au-dessous une obligation ou décharge, ou tout autre acte pouvant compromettre la personne ou la fortune du signataire ;

Abus de confiance. — 3° Quiconque aura détourné ou dissipé, au préjudice des propriétaires, possesseurs ou détenteurs, des effets, deniers, marchandises, billets, quittances ou tous autres écrits contenant ou opérant obligation ou décharge qui ne lui auraient été remis qu'à titre de louage, de dépôt, de mandat, de nantissement, de prêt à usage, ou pour un travail salarié ou non salarié, à la charge de les rendre ou de les présenter, ou d'en faire un usage ou un emploi déterminé ;

4° Quiconque, après avoir produit, dans une contestation judiciaire, quelque titre, pièce ou mémoire, l'aura soustrait de quelque manière que ce soit.

Accaparements. — L'accaparement est l'achat considérable de marchandises fait dans l'intention d'en élever le prix. — Ce délit est prévu et puni par les articles 419 et 420 du Code pénal.

Accidents. — En cas d'accidents, avis en est donné immédiatement au commissaire de police de l'arrondissement, lequel est chargé de prendre les mesures nécessaires.

Accoucheurs. — L'art des accouchements ne peut être pratiqué que par une personne munie d'un diplôme.

Actes arbitraires. — La détention est un acte arbitraire si elle n'a été précédée d'aucune des formalités voulues par les articles 609 du Code d'instruction criminelle et 120 du Code pénal.

Actes de dévouement. — Tous les actes de courage, de dévouement qui parviennent à la connaissance des agents doivent faire l'objet d'une communication au commissaire de police.

Adjudications. — Toutes entraves à la liberté des enchères sont punies par l'article 112 du Code pénal.

Adultère. — Ne peut être poursuivi que sur la plainte formelle d'un des époux.

Aérostats. — L'enlèvement des aérostats ne peut avoir lieu qu'en vertu d'une autorisation. Il est toujours défendu de les garnir de pièces d'artifice. On ne peut non plus leur adapter un foyer d'esprit de vin ou de toute autre matière.

Affiches. — Les affiches des actes de l'autorité publique peuvent seules être imprimées sur papier blanc et sont exemptes de timbres, ainsi que les affiches des concours régionaux et celles des sociétés de secours mutuels dûment autorisées.

Les affiches manuscrites peuvent être écrites sur papier blanc.

Il est défendu d'afficher des écrits contenant des nouvelles politiques ou traitant d'objets politiques (L. 10 décembre 1830, art. 1er).

Toute affiche inscrite dans un lieu public, sur les murs, sur une construction quelconque, ou même sur une toile au moyen de la peinture ou de tout autre procédé, sera soumise à un droit d'affichage (L. du 8 juillet 1852, art. 30).

Toute apposition d'affiche dans laquelle ne se trouve pas l'indication vraie des nom et demeure de l'imprimeur est un délit puni par les articles 283, 284, 285 et 286 du Code pénal.

Tout enlèvement ou lacération d'affiches apposées par ordre de l'autorité est une contravention prévue et punie par l'article 479, n° 9, du Code pénal. L'enlèvement des affiches des particuliers ne peut donner lieu qu'à une action civile.

Il est accordé aux agents qui ont constaté les contraventions un quart des amendes payées par les contrevenants. — V. *Formulaire*, page 1.

Affirmation. — Les gardes champêtres sont tenus d'affirmer la sincérité de leurs procès-verbaux dans les vingt-quatre heures devant le juge de paix.

Les maires, et, à défaut des maires, leurs adjoints pourront recevoir cette affirmation quand le juge de paix et ses suppléants seront absents de leur résidence.

Agents de le force publique. — Cette qualification appartient à l'armée, à la gendarmerie, aux gardes champêtres, aux gardes forestiers, aux préposés du service actif des douanes, et aux agents de police.

Un droit de capture leur est dû lorsqu'ils arrêtent, hors de la présence des huissiers, des prévenus, accusés ou condamnés sous le coup de mandements de justice.

Agents de police. — On comprend sous cette dénomination les préposés de la police municipale connus sous les titres différents de : *sergents de ville, gardiens de la paix, appariteurs, inspecteurs de police.*

Ils sont nommés par le maire et ne peuvent être révoqués que par le préfet.

Ils surveillent l'exécution des lois et règlements de police dans toute l'étendue de la commune.

Ils dressent des rapports des contraventions qu'ils

constatent et les transmettent au commissaire de police de leur arrondissement.

L'agent de police qui, sans ordre de l'autorité compétente et hors le cas de flagrant délit, fait arrêter par la force armée et conduire un citoyen devant un commissaire de police se, rend coupable du crime d'attentat à la liberté individuelle.

Lorsqu'un commissaire de police a fait arrêter le prévenu d'un fait de nature à entraîner une peine afflictive ou infamante, il suffit qu'il ait placé l'individu arrêté sous la garde d'un agent de la force publique pour que celui-ci soit passible des peines prononcées contre ceux qui procurent ou facilitent l'évasion d'un prévenu par leur négligence.

Les agents de police, auxquels des injures sont adressées dans l'exercice de leurs fonctions, ont le droit d'arrêter le délinquant et de le conduire devant le commissaire de police, et même de le déposer, si l'heure est avancée, dans la chambre de sûreté de la police, sauf à en référer immédiatement à leur chef; ce fait ne constitue pas une arrestation illégale.

Les violences exercées sans motif légitime, par un agent sur les personnes, seront punies des peines édictées par l'article 198 du Code pénal. Par motif légitime, il faut entendre la nécessité de repousser la violence dans l'exécution d'un acte commandé légalement par un supérieur.

Lorsqu'un agent, procédant seul, est attaqué subitement dans l'exercice de ses fonctions, il n'est pas nécessaire qu'il ait reçu de ses supérieurs l'ordre d'user de ses armes, pour que l'homicide commis par lui soit réputé commandé par l'autorité légitime ; il devient l'appréciateur de la nécessité d'user de l'autorité dont il est le dépositaire.

Toute rebellion envers les agents dans l'exercice

de leurs fonctions est prévue et punie par les articles 209 et suivants du Code pénal ; tout outrage par paroles, gestes ou menaces, par l'article 224 du Code susdit.

Pendant la durée de leur service les agents surveilleront avec soin toute personne inconnue dont la conduite et les allures leur paraîtront supectes.

Ils veilleront également à l'exécution des lois et règlements de police et notamment de ceux qui ont pour objet la liberté et la sûreté de la voie publique et la salubrité.

Ils devront s'attacher à connaître parfaitement toutes les rues, places, impasses, etc., de la circonscription qu'ils sont plus particulièrement chargés de surveiller.

En matière de contravention, ils devront toujours prévenir tout particulier qu'ils verront sur le point de commettre une infraction aux lois et règlements ; ils ne la constateront que lorsque leurs avertissements seront demeurés sans résultat ou que la mauvaise volonté sera évidente.

Les agents se rappelleront qu'il n'y a jamais lieu d'arrêter l'auteur d'une contravention, si ce n'est dans le cas d'ivresse manifeste.

Ils devront se contenter de lui demander ses nom, prénoms, âge et domicile et, en cas de refus, le conduire devant le commissaire de police.

Les agents sont sans qualité pour faire des arrestations, des visites domiciliaires, des perquisitions, notifier et délivrer des copies d'actes et instruire sur une affaire ; ils doivent se borner à exécuter avec prudence et sagesse les ordres qu'ils reçoivent, sans s'immiscer dans les motifs qui les ont fait donner, n'étant responsables que de la manière dont ils les exécutent : à allier dans leurs fonctions la modération à la fermeté ; à faire rapport aux commissaires de police près desquels ils sont placés de tout ce qu'ils voient de contraire au bon ordre, et à conduire devant eux tout individu prévenu de crime ou de délit.

Les agents de police recueillent, avec soin et exactitude, tous les renseignements qu'ils peuvent se procurer sur les contraventions, les délits et les crimes, et sur leurs auteurs ; ils remettent ensuite ces renseignements au commissaire de police auquel ils se trouvent subordonnés.

Toute personne doit leur prêter secours et assistance dans l'exercice de leurs fonctions ; ceux qui s'y refuseraient encourraient les peines portées par l'article 475, n° 12, du Code pénal.

Aliénés. — Le Code pénal, article 475, n° 8, punit d'une amende de 6 à 10 francs ceux qui ont laissé divaguer des fous ou des fous furieux placés sous leur garde.

Alignements. — On ne peut élever aucune construction ou faire aucune reconstruction sur le bord de la voie publique sans en avoir obtenu l'autorisation écrite de l'autorité compétente.

Aliments. — Il est défendu d'exposer ou de mettre en vente des aliments corrompus et nuisibles. Ce délit est prévu par la loi du 27 mars 1851, et puni par l'article 423 du Code pénal.

Allumettes. — La loi du 2 août 1872 attribue à l'Etat l'achat, la fabrication et la vente des allumettes chimiques sur toute l'étendue du territoire français.

L'Etat a cédé à une compagnie le monopole des allumettes. •

Les agents doivent signaler à leurs chefs les fabriques clandestines qu'ils pourraient découvrir.

Ils arrêteront tous individus qu'ils rencontreront colportant des allumettes. — Une prime de 10 francs leur est accordée par arrestation. Ils ont aussi droit à la répartition sur les amendes et les objets saisis.

Animaux domestiques. — Celui qui, par malveillance, empoisonne des animaux domestiques, commet un délit prévu et puni par l'article 452 du Code pénal.

L'article 455 du même Code punit celui qui tue, sans nécessité, dans un lieu quelconque, un animal domestique.

Animaux maltraités. — La loi du 6 juillet 1850 punit ceux qui auront exercé publiquement et abusivement des mauvais traitements envers les animaux domestiques. *Cette loi est applicable au charretier qui maltraite ses chevaux.*

Animaux morts ou blessés appartenant à autrui. — L'article 479 du Code pénal punit ceux qui ont occasionné la mort ou la blessure d'animaux appartenant à autrui par l'effet de la divagation des fous ou furieux, ou d'animaux féroces ou malfaisants, ou par la mauvaise direction, ou le chargement excessif des voitures, des chevaux, des bêtes de trait ou de monture ;

Ceux qui auront occasionné les mêmes dommages par l'emploi ou l'usage d'armes sans précaution ou avec maladresse, ou par jet de pierres et autres corps durs ;

Ceux qui auront causé les mêmes accidents par la vétusté, la dégradation, le défaut de réparation ou d'entretien des maisons ou édifices, ou par l'encombrement ou l'excavation, ou telles autres œuvres, dans ou près les rues, chemins, places ou voies publiques, sans les précautions ou signaux ordonnés ou d'usage.

Animaux malfaisants ou féroces. — Celui qui laisse divaguer des animaux malfaisants ou féroces, ou qui excite ou ne retient pas ses chiens lorsqu'ils attaquent ou poursuivent les passants, quand même il n'en résulte ni mal, ni dommage, commet une contravention à l'article 475, n° 7, du Code pénal.

Sont réputés malfaisants : Les porcs, les pigeons, les lapins, les oies, les canes, les poules et autres volailles sous le rapport de l'infection des excréments des uns, et des dégradations que les autres occasionnent dans les rues ou sur les voies publiques ; mais pour qu'il y ait contravention, il faut qu'un arrêté municipal défende la divagation des animaux susdits.

Animaux atteints de maladies contagieuses, animaux morts. — Les animaux atteints de maladies contagieuses ne doivent pas être conduits sur les chemins communaux ; ces animaux, après leur mort, ne doivent pas être jetés dans les bois, dans les rivières, à la voirie, ni enterrés dans les jardins ou les cours : ils doivent être enfouis à cent mètres au moins des habitations, dans une fosse profonde de 2 mètres 70 centimètres.

Ces mesures sont prescrites par l'arrêté du 17 messidor an v et par la loi du 6 octobre 1791.

Appâts. — Il est interdit de jeter dans les eaux des drogues ou appâts de nature à enivrer le poisson ou à le détruire.

Ce délit est prévu par l'article 24 de la loi sur la pêche fluviale du 15 avril 1829.

Appui de fenêtres ou boutiques. — Ce qui a été dit au mot *abat-jour* s'applique entièrement aux appuis de fenêtres et de boutiques.

Argot. — L'argot est le langage généralement

usité parmi les voleurs et les individus de la classe la plus abjecte.

De nos jours, l'argot s'est enrichi d'une foule de mots qui sont sortis des Maisons Centrales, des sombres taudis de la place Maubert et des bouges infects de la barrière du Combat.

Il est de la plus haute importance pour les agents de connaître ce langage qui peut souvent les mettre à même de découvrir des faits d'une gravité exceptionnelle.

Vidocq, l'ancien chef de la sûreté de Paris, tirait une grande ressource de la connaissance qu'il avait de l'argot ; et, il est facile, en lisant ses mémoires, de se rendre compte de l'avantage que cela lui procurait lorsqu'il se mettait à la recherche des malfaiteurs les plus redoutables de la capitale.

Le dictionnaire ci-après est le plus complet qui ait paru jusqu'à ce jour.

Dictionnaire d'Argot.

A

Abadis, rassemblement.
Abat-Reluit, abat-jour.
Abattis, membres.
Abbaye de Monte-à-Regret, guillotine.
Abbaye ruffante, four chaud.
Abéquer, nourrir un enfant ou quelqu'un gratuitement.
Abéqueuse, nourrice.
Abloquir, acheter en bloc.
Abloquisseur, euse, celui, celle qui achète en bloc.
Aboulage acré, abondance.
Abouler, compter, venir.
Aboyeur, celui qui appelle les prisonniers demandés au parloir.
Abreuveur à mouches, grande plaie.

Accent, signal qui se fait entre voleurs. Il en est de deux sortes : on crache avec fracas, ou l'on décrit un C sur la joue droite avec le pouce de la main droite.
Accroche-cœur, petits favoris.
Achar, acharnement.
Acré, ée, fort, forte.
Affaire, vol.
Affe (l'), la vie.
Affranchir, initier aux ruses du métier.
Affranchi, ie, l'initié, l'initiée.
Affurer, attraper, tromper, voler.
Aidance, service.
Aiguille, clé.
Aile, bras.
Alarmiste, chien de garde.

Alentoir, alentour.

Aller à comberge, aller à confesse.

Aller à Niort, nier.

Aller à la retape, attendre quelqu'un pour l'assassiner.

Allumer le miston, regarder sous le nez de quelqu'un.

Américaine (vol à l'). Ce genre de vol doit sa signification à un inventeur, un Américain du nom de John Warton qui, après avoir exploité New-York, transporta son industrie à Paris. On appelle *Charrieurs* ceux qui appliquent sa méthode.

Ambier, jouer des jambes, fuir.

Andosse, dos.

Andouille, homme mou.

Angluce, oie.

Anguille, ceinture.

Angoulème, bouche.

Anquilleuse, voleuse qui escamote les objets qu'elle marchande.

Antif, marche.

Antiffler, marier.

Antonne, église.

Antroller, enlever.

Apôtres, les doigts de la main.

Aquiger, frapper, saisir au passage.

Aquiger les brêmes, faire une marque aux cartes à jouer.

Aquiquer, faire.

Arbalète, croix qui pend au cou des femmes.

Arcasineur, celui qui écrit des « lettres de Jérusalem. » V. ce mot.

Arche de Noé, académie.

Ardent, chandelle.

Arganeau, anneau qui se trouve au milieu de la chaîne et qui réunit les forçats que l'on tient sous une surveillance toute particulière.

Argotier, voleur qui parle la langue du métier.

Arguchè, synonyme d'argot.

Argueusines, mains.

Arlequins, morceaux de viande de toute espèce provenant de la desserte des restaurants et qui sont servis pêle-mêle dans certains quartiers de Paris et notamment aux halles centrales.

Armée roulante, chaîne de forçats.

Arnache, filouterie.

Arnelle, Rouen.

Arnellerie, rouennerie.

Arpagar, arpajon.

Arpion, pied.

Arquepincer, empoigner, arrêter.

Arsenal, arsenic.

Artie, pain.

Artie de Meulan, pain blanc.

Artie du gros Guillaume, pain noir.

Aspic, mauvaise langue.

Aspiquerie, médisance, calomnie.

Astic, épée.

Asticot, vermicelle, vers qui se trouve dans la viande gâtée.

Atiger, torturer.

Atigeur, bourreau.

Atout, coups, blessures. — *Recevoir un atout*, recevoir un coup.

Attaches, boucles.

Attaches d'Orient, boucles d'or.

Attaches d'Auber, boucles d'argent.

Attiger, synonyme « d'aquiger. »

Attrimer, attirer dans un piége.

Attrimer les robaux, faire courir les gendarmes.

Attriquer, acheter des objets volés.

Aubert, pièce de monnaie.

Aumôniers, prêtres de contrebande.

Autan, combles d'une maison, grenier.

Autor, autorité.

Avale-tout-cru, escamoteur de bijoux.

2

Avaler le luron, communier.

Avaler sa fourchette, mourir.

Avaloire, gosier.

Avergots, œufs.

B

Babillard, confesseur, livre.

Babillarde, lettre.

Bachasse, galères.

Baches (faire les), établir des paris à la grecque.

Baccou, pourçeau.

Bacler, fermer.

Bagou (avoir du), avoir la langue bien pendue.

Baigneuse, chapeau de femme.

Boîte, maison.

Balader, flaner.

Balai, gendarme.

Balancer, jeter, renverser.

Balancer le chiffon rouge, parler.

Balancer sa canne, abandonner la mendicité pour le vol.

Balancer ses alènes, abandonner le métier de voleur.

Balancer une largue, quitter une maîtresse.

Balançons, barreaux de prison.

Balle, tête.

Balles, francs. 10 *balles,* 10 francs.

Balocher, tripoter.

Baluchon petit ballot. — *Faire le baluchon.* Dans les maisons de tolérance on se sert de ce terme pour désigner le commerce des prostituées.

Banquette, menton.

Baquet insolpé, blanchisseuse.

Barant, ruisseau.

Barbaudier, gardien — *de Bastu,* d'hôpital.

Barberot, barbier du bagne.

Barbichon, capucin.

Barbot, canard.

Barbbotte, visite minutieuse à laquelle sont soumis, avant l'incarcérations, les individus arrêtés.

Barboter, fouiller.

Barbotier, celui qui fouille les prisonniers.

Barre, aiguille.

Basane, amadou.

Basourdir, tuer.

Bastringue, endroit mal fréquenté et suspect.

Batif, neuf, neuve.

Batiffon, ne, joli, jolie.

Bâton-creux, fusil.

Batouse, toile.

Battant, cœur.

Batloir, main.

Battre, dissimuler.

Battre comtois, jouer le rôle de compère.

Battre job, faire le niais.

Battre morasse, crier au secours.

Baucher, se moquer.

Baucoter, agacer.

Bande, vérole.

Baudru, fouet.

Bauge, coffre.

Bayafe, fusil pistolet.

Bayafer, fusiller.

Beausse, riche bourgeois.

Bécher, dire du mal de quelqu'un.

Bécheur, ministère public.

Becquillard, bourreau.

Beffeur, euse, celui, celle qui fait des dupes.

Bègue, avoine.

Belle (trouver sa), trouver une occasion propice.

Béquiller, pendre.

Béquilleur, bourreau.

Béribono, nigaud.

Berlue, couverture.

Bernicle, non.

Besace, téton mou et pendant.

Besouille, ceinture.

Béte à cornes, fourchette.

Bettauder, mendier.

Beurre, pièce de monnaie .

Beurre sur la tête (avoir du), être couvert de crimes.

Beurrier, banquier.

Bibelot, outil d'artisan.

Bichot, évêque.

Bidet, poste aux lettres des voleurs.

Bier, aller.

Bigorne, argot.

Bigotter, prier.

Bijoutier en cuir, savetier.

Bille, monnaie.

Binelle, banqueroute.

Binellier, banqueroutier.

Birbasse, vieille femme.

Birbasserie, vieillesse.

Birbe, vieillard.

Birbe-dabe, aïeul.

Birlibi, jeu de dés.

Bisard, soufflet de cheminée.

Biscaye, bicêtre.

Biscayens, bohémiens, vagabonds.

Blague à tabac, besace.

Banchisseur, avocat.

Blanquette, argenterie.

Blasé, enflé.

Blavin, mouchoir.

Blaviniste, voleur de mouchoirs.

Bleu, vin.

Bloc (être au), être en prison.

Blond, (le beau) le soleil.

Bloquir, vendre .

Blot, bon blot, bon marché.

Bobine, figure.

Bobino, montre.

Boccard, bordel.

Boffette, soufflet.

Bogue, montre.

Bogue d'orient, montre d'or.

Boguiste, horloger.

Boîte, chambre.

Boîte à Pandore, boîte renfermant de la cire molle destinée à prendre l'empreinte des clés.

Boiteux d'un chasse, borgne.

Bombonnières à filous, omnibus.

Bonhomme, saint.

Boniment, discours fallacieux.

Bonique, vieillard.

Bonir, dire affirmer.

Bonne (avoir à la), aimer.

Bonne (être à la), être aimé.

Bonneteur, filou de campagne.

Bossemar, bossu.

Boubane, perruque.

Bouc, mari trompé.

Boucard, boutique.

Boucardier, voleur qui exploite les boutiques.

Bouchon, bourse.

Boucler, fermer.

Bouffarde, pipe.

Bouffarder, fumer.

Bouffardière, cheminée, estaminet.

Bougie, canne des aveugles.

Boulanger (le), le diable.

Boule, foire, fête, tête.

Boule jaune, potiron.

Bouler, aller.

Boulet à queue, melon.

Bouillante, soupe.

Bouis, fouet.

Boulin, trou pratiqué dans une porte.

Bouline, bourse.

Bouliner, trouer une porte, un mur.

Boulinoire, villebrequin.

Bouloter, vivre dans l'aisance.

Bouscaille, boue.

Boussole, tête.

Boussole de singe, fromage de Hollande.

Bouterne, boîte carrée, disposée pour un jeu de dés.

Bouton, pièce de vingt francs.

Boye, forçat chargé d'appliquer une peine corporelle à un forçat.
Braise, monnaie.
Braser des faffes, fabriquer des faux papiers.
Braucher, pendre.
Brandillante, sonnette.
Branque, âne.
Bredoche, liard, centime.
Breloque, pendule.
Brémes, cartes à jouer.
Brenicle, rien.
Bride, chaîne.
Bride d'Orient, chaîne d'or.
Briquemont, briquet.
Brisant, vent.

Briser, voler avec effraction.
Brocante, bague.
Brodancher, broder.
Broder, écrire.
Broque, liard.
Broquille, minute.
Bruge, serrurier.
Brugerie, serrurerie.
Brulé (être), être découvert, dénoncé.
Buche plombante, allumette.
Burlin, bureau.
Burlut, moine.
Bute, guillotine.
Buter, être guillotiné.
Buteur, bourreau.

C

Cab ou *cabot*, chien.
Cabasser, tromper.
Cabermont, cabaret.
Cabestan, officier de paix ou inspecteur de police.
Cabriolet, hotte de chiffonnier.
Cachemire d'Orient, id.
Cachemitte, cachot.
Cadet, pince de voleur.
Cadichon, montre.
Cafarde (la), la lune.
Cagne, gendarme à cheval.
Cagou, voleur solitaire.
Caillé, poisson.
Calebasse, tête.
Callot, mendiant qui joue le teigneux
Caloquet, chapeau.
Calvin, raisin.
Calvigne, vigne.
Cambriole, chambre.
Cambrioleurs, dévaliseurs de chambres.
Cambron, cabane.
Cambrou, domestique mâle.
Cambrouse, servante.
Cambrousier, voleur de campagne.

Camelot, marchand forain.
Camelotte, marchandise quelconque et de peu d'importance.
Camisole, gilet.
Camoufle, chandelle.
Camouflement, déguisement.
Camoufler, déguiser.
Camouflet, chandelier.
Camuse, carpe.
Canage, agonie.
Canapet, lieu où se rassemblent des individus de la plus infâme dépravation
Canelle, Caen.
Caner, agoniser.
Caner la pegrenne, mourir de faim.
Caniche, ballot carré terminé par des oreilles.
Canton, prison.
Cantonnier, prisonnier.
Capahuter, assassiner un complice pour lui dérober sa part de butin.
Capitaine, tripoteur d'affaires.
Capitainer, agioter.
Capon, filou.

Carante, table.
Carcagno, usurier.
Cardinale (la), la lune.
Carle, agent monnayé.
Carline, la mort.
Carne, viande gâtée.
Carouble, fausse clé.
Carquois, botte de chiffonnier.
Carruche, prison. — *Le comte de la carruche*, le geôlier.
Cartonné en carruche, mis en prison.
Carvel, bâteau.
Casquer, tomber dans un piège.
Casquette, ivre.
Cassante, noix, dent
Casser la hane, couper la bourse.
Casser sa pipe, mourir.
Castroz, chapon.
Castuc, prison.
Castus, hôpital.
Cavaler (se), s'enfuir.
Cave, dupe.
Centre, nom propre.
Centre à l'estorpuc, faux nom.
Cerf-volant, femme qui profite de l'éloignement des parents ou des bonnes pour dépouiller les enfants.
Chanoine. esse, rentier, rentière.
Chaner (faire), escroquer de l'argent à l'aide de menaces.
Chapon, moine.
Charlot, bourreau.
Charrieur à la mécanique, voleur qui, passant son mouchoir ou une corde autour du cou d'un individu, l'enlève de terre et le traîne derrière lui, tandis qu'un complice le dévalise à son aise.
Chasse, œil.
Chasse à l'estorgue, œil louche.
Chasser des reluis, pleurer.
Chat, concierge de prison, geôlier.
Chaud (être), avoir l'œil au guet.
Chaunier, perdre.

Chemise de conseiller, linge volé.
Chenâtre, excellent.
Chenu reluit, bonjour.
Chenu sorgue; bonsoir.
Cher, rude, élevé.
Chérance, ivresse.
Cheval de retour, forçat évadé repris.
Chevalier d'industrie, individu qui vit d'expédients de toute sorte.
Chevron, récidive.
Chevroné (être), se trouver en récidive.
Chicane (grinchir à la), voler dans une foule en se passant les mains derrière le dos.
Chien de curdeux, secrétaire de police
Chiffarde, pipe.
Chiffon, mouchoir.
Chifferton, chiffonier.
Chiffon rouge, langue.
Chique, église.
Chiquer, battre.
Cholette, demi-litre.
Cholette (double), litre.
Choper, prendre.
Chopin; vol; coup.
Chouette, beau, bon.
Chourin, couteau.
Chouriner, frapper à coups de couteau.
Cigogne, préfecture de police.
Cigale, pièce d'or.
Cintrer, tenir.
Claquer, mourir.
Clou (être au), être en prison.
Cocange ou *la robignolle*, jeu des coquilles de noix; les robignoleurs exploi t nt les foires et les fêtes. Leur bagage consis te en quelques coques de noix et une petite boule blanche appelée robignoles qu'ils escamotent très dextrement.

Ils établissent des paris avec deux ou trois complices et perdent chaque coup; si un niais se présente il laisse tout son argent.

Cocasse, rusé.

Cochemard, cloche.

Cœsre, chef des gueux.

Couenne de lard, brosse.

Coffier, tuer.

Cognac, cogne, gendarme.

Cognade, gendarmerie.

Colas, cou, faire suer le colas, couper le cou.

Collége, prison.

Coller du tabac, donner des coups.

Colletin, force.

Coloquinte, tête.

Combre, chapeau.

Combrier, chapelier.

Commander à cuire, guillotiner.

Comme, commerce.

Coude, permission de tenir des jeux de hasard.

Confesser un mort, dépouiller un mort.

Coni, mort.

Connobrer, connaître.

Conservatoire, mont de piété.

Coq, cuisinier.

Coquer, dénoncer.

Coquer la loffitude, pardonner.

Coquer le poivre, empoisonner.

Coqueur, limier de police.

Coqueur de billets, bailleur de fonds.

Coquillard, faux pèlerin.

Coquillon, vermine.

Cornant, bœuf.

Cornante, vache.

Corner, puer.

Cornet, gosier.

Cornet d'épice, capucine.

Cornichon, veau.

Corvette, jeune garçon qui se livre aux hommes.

Côte de bœuf, sabre.

Coucou, montre.

Courbe, épaule.

Couleurs (tirer des), mentir.

Couliant, lait.

Courtange (la), la courtille.

Courteau de boutanche, domestique qui n'entre chez des maîtres que pour voler.

Cracher, parler.

Cracher au bassin, donner avec regret.

Crampe, évasion!

Cramper, s'enfuir.

Crapaud, cadenas.

Craquelin, menteur.

Cravate de chanvre, corde.

Créateur, peintre.

Crépine, bourse.

Creux, maison.

Criblement, cri.

Cribler, crier.

Cribler au charron, crier au voleur, au vinaigre, appeler la garde.

Crignolier, boucher.

Criole, viande.

Crique, eau-de-vie.

Croissant, gilet.

Crosse, heure ; voilà six crosses et une mèche qui plombent, voilà 6 h. 1/2 qui sonnent.

Crosser, sonner.

Crotte d'ermite, poire cuite.

Crucifix à ressort, pistolet.

Cuisine, préfecture de police.

Cuisinier, agent de police.

Cuit (être); être condamné.

Culbute, culotte.

Cupidon, chiffonnier.

Curdeux, commissaire de police.

Curieux, juge d'instruction.

Curieuse (la), ou la rousse, la police.

D

Dab, bourgeois.

Dabe, esse, roi, reine.

Dabot, préfet de police.

Dabuche, bourgeoise.

Daim huppé, individu dont l'extérieur annonce la richesse.

Dalle du cou, gosier.

Dardant, amour.

Daron, onne, père, mère des voleurs.

Daron de la raille, de la rousse, préfet de police.

Daronne du dardant, Vénus.

Débâcler, ouvrir.

Débiner, médire.

Débouscailler, décrotter.

Débridoir, clé.

Décarrer, s'éloigner.

Décarrer de belle, être mis en liberté en suite d'une ordonnance de non lieu.

Dèche, ruine, misère.

Déclouer, retirer des effets du mont-de-piété.

Dédurailler, déferrer.

Deffardeur, voleur de paquets et de hardes.

Défargueur, témoin à décharge.

Défiger, réchauffer.

Défleurir la picouse, emporter le linge étendu sur les haies.

Défourailler, s'évader.

Défrinousser, défigurer.

Défrusquer, déshabiller.

Dégui, déguisement

Délige, diligence, voiture publique

Démaquiller, défaire.

Demi-aune, bras.

Dentiste, président de cour d'assises.

Demorganer, s'avouer battu dans une discussion.

Deplanquer, tirer des objets d'un endroit où ils ont été enfouis.

Désentiflage, divorce, séparation.

Désentifler, divorcer, se séparer.

Détacheur de bouchon, coupeur de bourses.

Détaffer, donner du cœur à un peureux.

Détaroquer, démarquer du linge.

Dévidage, bavardage.

Dévider à l'estorgue, mentir.

Dévisser son billard, mourir.

Dévisser le coco, tordre le cou.

Digue-digue, attaque d'épilepsie.

Dijonnier, moutardier.

Dinguer, tomber.

Dominos, dents.

Dorancher, dorer.

Donner (se la), s'enfuir.

Dorancher, dorer.

Dossière de satte, chaise.

Doublage, larcin.

Doubleur, larron.

Doubleur de sorgue, voleur de nuit.

Douce, soierie.

Doucette, lime.

Douille, argent.

Douilles, cheveux.

Douillets, crins.

Douillure, chevelure.

Dragueur, escamoteur, charlatan.

Drille, soldat. Voici les drilles, voici les soldats.

Droguer, attendre.

Droguerie, demande.

Duchesse, chef femelle d'une bande de voleurs.

Dur, fer,

Duraille, pierre.

Dure, terre.

Dure à rifle, pierre à feu.

Dure à briquemont, pierre à briquet.

Durême, fromage.

E

Eau d'affe, eau-de-vie.

Ebattre dans la ligne, essayer de voler dans la foule.

Ecorné, ée, accusé, accusée.

Ecorner, insulter.

Ecorneur, ministère public.

Ecrevisse, cardinal.

Ecume, étain.

Egrugeoir, chaire à prêcher.

Elixir de hussard, eau-de-vie.

Emballer, arrêter.

Embaluchonner, empaqueter.

Embauder, prendre de force.

Empaffes, draps de lit.

Emporteur, filou qui attire une pauvre dupe dans une partie de billard, dont elle ne sort que les poches entièrement vides.

Empousteur, filou qui capte la confiance des gens.

Emproseur, qui a des goûts infâmes.

Encarade, entrée.

Encarer, entrer.

Encible, ensemble.

Endormir, tuer.

Enfant de chœur, pain de sucre.

Enflaqué (être), être condamné.

Enflée, vessie.

Enfoncé (être), synonyme d'être enflaqué.

Enfonceur, agent d'affaires.

Enfrimer, envisager.

Enlever, mourir de faim.

Enquiller, entrer.

Entrever, comprendre.

Entiffle, entonne, église.

Entifflement, mariage.

Entiffler, marier.

Entoler, pénétrer dans une maison dans le dessein d'y voler.

Entravage, conception.

Entraverse à perte de vue, aux travaux forcés à perpétuité.

Epatage, embarras.

Epater, stupéfier.

Epicer, planter.

Epice-vinette, épicier.

Epouser la foucaudière, jeter ce qu'on a volé.

Epouser la veuve, être pendu.

Es, escroc.

Esbalancer, rejeter.

Esbasir, assassin.

Esbigner, s'enfuir.

Esbrouffe (faire de l'), faire de l'embaras.

Escaper, escapoucher, assassiner.

Escapoucheur, assassin.

Escargot, vagabond.

Escarpe, assassin.

Les escarpes se divisent en deux classes : ceux qui travaillent sur le « trimar » et ceux qui travaillent à la « piaule », c'est-à-dire ceux qui assassinent sur les routes ou dans les rues et ceux qui assassinent à domicile.

Escarpe sézigue, suicide.

Escarper, assassiner.

Esclot, sabot.

Esclotier, ère; sabottier, sabottière.

Escofier, assassiner.

Escoutes, oreilles.

Escrache, escrache-tarte, passeport, faux passe-port.

Escracher, demander le passe-port.

Esganacer, rire.

Esgard (faire l'), détourner à son profit une part de butin qui revient à des complices.

Espagnol, vermine.

Esquinte, abîme.

Esquinter, briser.

Estafou, chapon.

Estampiller, marquer.

Estoc, malice.

Estorgue, fausseté.
Estrangouiller, étrangler.
Estuque, part convenue dans un vol.
Etouffoir, maison de jeu peuplée de
« grecs »; voyez ce mot.

Etourdir, solliciter.
Etourdisseur, euse, solliciteur, solliciteuse.

F

Fadage, partage entre voleurs.
Fade, portion attribuée dans un vol.
Fader, partager des objets volés.
Faffe, papier quelconque.
Faffiot, papier blanc.
Fagot, galérien.
Faire la grande soulasse, assassiner
Faiseur, brasseur de méchantes affaires
Faire suer le chêne, assassiner.
Fanandel, associé, camarade.
Fanfouiner, priser.
Faraude, dame, demoiselle.
Fargue, charge, fardeau.
Farguement, chargement, rougeur de front
Farguer, charger.
Faraud, monsieur.
Fassolette, mouchoir de poche.
Fauchants, ciseaux.
Fauche-ardent, mouchettes.
Faucher, couper, guillotiner.
Faucher le grand pré, être aux galères.
Faucher dans le pont, tomber dans un piége.
Faucheur, bourreau.
Ferlampier, voleur de la plus basse espèce.
Felouse, poche.
Ferlange, fertille, paille.
Ferblantier, condamné habile à briser ses fers.
Frétillante, queue.
Ficher, donner,

Fièvre cérébrale, état d'un individu accusé d'un crime qui peut entraîner la peine de mort.
Figurer, remplir le principal rôle dans une affaire d'escroquerie.
Filasse, chevelure.
Filer un sinte, suivre quelqu'un.
Fileuse, individu qui suit les voleurs à la piste et, le coup fait, intervient pour prélever un impôt fondé sur la crainte d'une dénonciation.
Filoche, bourse
Filoche à jeun, bourse vide.
Fiques, hardes.
Fiquer, poignarder.
Flacul, sac.
Flac d'al, sac d'argent.
Flambe, épée.
Flansique, flamand, flamande.
Flancher, jouer honnêtement.
Fleur de Marie, virginité.
Fligadier, sou.
Fligue à dard, sergent de ville.
Flottant, poisson,
Flotter, nager.
Foler, projeter,
Foncer, donner.
Fondant, beurre.
Fonfe, fonfière, tabatière.
Foresque, marchand forain.
Fouailler, manquer de cœur.
Fouillouse, poche.
Four banal, omnibus, véhicule très affectionné des voleurs.
Fourchu, bœuf.
Fourgat, recéleur.

2*

Fourguer, vendre à un recéleur des objets volés.

Fourlineur, synonyme de «tireur.»

Fourlourd, malade.

Fourmillante, foule.

Fourmiller, marcher.

Fourmillon, marché

Fourobe, fouille.

Fourober, fouiller les prisonniers.

Fralin, ine frère, sœur.

Franc-bourgeois, escroc qui bat la monnaie avec le dictionnaire des adresses et la bêtise courante.

Francillon, Français.

Frangin, ine frère; sœur.

Frangin dabe, oncle.

Frangine dabuche, tante.

Franjir, casser.

Frégate, synonyme de « corvette.»

Frétin, poivre.

Frétille, paille.

Frétillante, queue.

Frétiller, danser.

Fric frac (faire), faire effraction

Frileux, frileuse, poltron, poltrone.

Frimer, envisager.

Frimousser, tricher aux cartes (se ménager les figures).

Fripier, verre.

Fripouille, misérable.

Friquet, mouchard.

Frisp, juif.

Frit (être), être condamné.

Froler sur la balle, médire.

Frottard, traître.

Frotin, billard.

Frotter sur la balle, médire de quelqu'un.

Fruquer, donner.

Frusque, vêtement.

Frusquin, vêtement.

Frusquineur, tailleur.

Fumé (être), être réduit à la dernière extrémité.

Fumeron, jambes

Funion, marché.

G

Gaffe (la), le guet.

Gaffe à Cayé, gendarmerie ou garde de Paris à cheval.

Gaffe de sorgue, patrouille grise; gardien de marché.

Gaffer, guetter.

Gahisto, le diable.

Gail, cheval.

Galette, niais.

Galiffard, apprenti.

Galiotte (faire une), s'entendre au jeu avec un complice pour faire perdre ceux qui parient contre un troisième larron.

Galuche, galon.

Galucher, galonner.

Gambiller, jouer des jambes; danser.

Gambilleur, danseur.

Gambilleur de tourtouse, danseur de corde.

Gandins d'altèque, croix d'honneur ou autre signe de distinction quelconque.

Ganée, clique, société.

Garçon de cambrouse, voleur de grand chemin, chauffeur.

Gargoine gargue, bouche.

Garnafier, ère, paysan, paysanne.

Gat, chat.

Gaudille, épée.

Gave, gaviolé, ivre.

Gaule, cidre.

Gaux picantis, poux.

Gay, fantasque, laid.

Gaye, cheval.

Gayerie, cavalerie.

Gerbable, individu qui mérite d'être condamné.

Gerbement, jugement.

Gerberie, tribunal.

Gerber à la passe, guillotiner.

Gilmont, gilet.

Girofle, per sonne aimable.

Girofleric, amabilité.

Giverneur, vagabond qui passe ses nuits comme ses jours dans les rues.

Glacis, verre à boire.

Glissant, savon.

Gobe-moucherie, franc-maçonnerie.

Goffeur, serrurier.

Gomberger, compter.

Gonze, se, homme, femme.

Gauler, chanter.

Gualeur, euse, chanteur; chanteuse.

Goupiner, voler.

Goupiner les poivriers, dépouiller les gens ivres.

Graillonner, causer, en prison, d'une fenêtre à l'autre.

Grain (écraser un), boire.

Grande, poche.

Grande soulasse, assassinat.

Gras double, plomb.

Graton, rasoir.

Gratte, gale.

Gratter les pavés, vivre dans la misère.

Grattouse, dentelle.

Grefir, dérober finement.

Grelu, grenu, blé.

Grenasse, grange.

Grenuse, farine.

Grenuche, avoine.

Grés, cheval.

Grillard, chat.

Gril (être sur le), attendre le verdict.

Grincher, voler.

Grinchir de la haute pègre; voleur de distinction.

Grincheur, euse, voleur, voleuse.

Grippe-jésus, gendarme.

Grippis, meunier.

Grive, grivier, soldat.

Gris (le), vent, froid.

Grives (corps de), corps-de-garde.

Grivier de marquois, soldat déserteur.

Guedouze, la mort.

Gueulard, poële, bissac.

Guibole, jambe.

Guibolé de satou, jambe de bois.

Guichemard, guichetier.

Guinal, juif.

Guinaliser, circoncire.

Gy, oui.

H

Habitonge, habitude.

Halènes, instruments de toutes sortes, propres aux voleurs.

Hane, bourse.

Happer le taillis, gagner le bois, se sauver en lieu sûr, s'enfuir.

Happin, chien.

Harnais de grive, uniforme de soldat.

Harpe, barreau de prison.

Havre, Dieu.

Haut-temps, grenier.

Hers, maître.

Herplis, liards.

Homme de lettres, faussaire.

Hôpital, prison.

Hubin (le), vagabond qui feignait avoir été mordu d'un chien enragé, pour arracher de l'argent par peur.

Huile, monnaie, soupçon.

Huttre de varanne, lève de marais.

Hust must, grand merci.

— 28 —

I

Icicalle, icigo, ici.
Incommode, reverbère,
Inconobré, inconnu; inconnue,

Insolpé, ée, insolent, insolente,
Isolage abandon.
Isoler, abandonner.

J

Jar, argot.
Jargolle, Normandie.
Jargolier, ère, normand, normande.
Jarnaffe, jarretière.
Jaspinement, aboiement.
Jaspiner, parler. aboyer, jaser.
Jaunet, pièce d'or.
Jean (faire le saint), ôter son chapeau pour faire le signal à des complices.
Jean (l'houssine), poutre dont se servaient les chauffeurs pour enfoncer les portes.
Jérusalem (lettre de), voy. « lettre de Jérusalem ».

Jésuite, dindon.
Jésus, jeune garçon à qui l'on enseigne le vol et la plus infâme des débauches.
Job, imbécile, niais.
Jonc, or.
Jorne, jour.
Jouer du 22, jouer du poignard.
Jouer du violon, scier ses fers.
Judacer, donner un baiser de judas.
Judacerie, trahison.
Juge de paix, bâton.
Juilletiser, détrôner.
Juste, cour d'assises.
Jy, synonyme de « gy ».

L

Labago, là-bas.
Lacet (marchand de), gendarme.
Lacher la rampe, mourir.
Lago, ici.
Lainé, mouton.
Lait à broder, encre.
Lance, eau.
Lancequiner, pleuvoir.
Landier, commis de l'octroi.
Landeau à baleine, par apluie.
Landière, boutique de foire.
Lansquiner, pleurer.
Lanterne, fenêtre.
Lappin-ferré, gendarme.
Larbin, domestique.
Larbinerie, valetaille.
Largue, femme en couche.
Larton, pain.

Lartif, synonyme « d'artie ». pain
Larton brut, pain noir.
Lartonnier, ère, boulanger, boulangère.
Larton savonné, pain blanc.
Lascailler, pisser.
Laver, vendre.
Legre, foire.
Leqrier, marchand forain.
Lentille, petit monde.
Léon, président de cour d'assises.
Lessiveur, avocat.
Lettre de Jérusalem, lettre adressée par un détenu à une personne qu'il veut apitoyer sur son sort, pour lui soutirer de l'argent.
Leve-pied, echelle, escalier.

Lézard, camarade sur lequel on ne peut pas compter.
Léziner, hésiter.
Léziner, tromper au jeu.
Lice, bas de soie.
Licher, boire.
Liége, gendarme.
Ligottante, corde.
Lillange, Lille.
Lillois, fil.
Limace, lime, chemise.
Limacière, lingère.
Limande, homme plat, sans dignité.
Limogère, chambrière.
Limonade, assiète, plat.
Limousine, plomb.
Limousineur, celui qui vole le plomb sur les toits.
Lingre, couteau.
Lingrer, donner des coups de couteau.
Lingrerie, coutellerie.
Lingriot, petit couteau, canif.
Liuspré, prince.
Litrer, posséder.
Locher, oreille.
Locher, écouter, entendre.
Longue,, année.
Longuette de trèfle, carote de tabac.
Lourdaut, lourdier, portier.
Longue, as.
Lorgne, borgne.
Loubion, bonnet.
Loubionnier, bonnetier.
Lourde, porte.
Lousse, gendarme de département.
Luisant, jour.
Luisante, luisarde, lune.
Luisard, soleil.
Luron (le), le saint sacrement.
Lyonnaise, soierie.

M

Mac, souteneur d'une fille de joie.
Macaron, traitre, dénonciateur.
Macaronner, trahir ses complices.
Madrice, malice.
Madrin, inc, madré, madrée.
Malade, prisonnier, prisonnière.
Maladie, emprisonnement.
Maltaise, pièce d'or.
Malingreux, qui a de fausses plaies.
Mallouse, contrebande.
Maltousier, contrebandier.
Manche (faire la), mendier.
Manette (mademoiselle), malle.
Manger le morceau, manger sur l'orgue, dénoncer.
Mangeur de galette, délateur qui vit de ses dénonciations.
Mauque (à la), à gauche.
Maqui, se passer du fard.
Maquiller, farder.
Maquiller les brémes, manier les cartes, jouer aux cartes.
Marcandier, marchand sans marchandises, qui prétend avoir été dépouillé par des brigands.
Marionnette, soldat.
Mariase, vaurien.
Marlouserie, malice.
Marlousier, synonyme de *mac.*
Marmier, berger.
Marmotier, ère, savoyard, savoyarde.
Maron, sel.
Maron (être), être convaincu de vol.
Maronner, gronder.
Maronner un grinchissage, manquer une affaire.
Marquant, homme.
Marque, fille.
Marque de cé, femme légitime d'un voleur.
Marque franche, marquise, maîtresse d'un voleur.

Marquin, chapeau.

Marquise, bohémienne.

Masseur, euse, ouvrier, ouvrière.

Mathurin, dé à jouer.

Mathurin plat, domino.

Matois, matin.

Maturbes, dés.

Mec, maître.

Mec (grand), roi.

Mec de la rousse, préfet de police.

Mec des mecs, Dieu.

Méche (être de la), avoir part au butin.

Méche, demi-heure.

Mechi, malheur.

Médaillon de flac, cul-de-sac.

Médecin, avocat.

Médecine, conseil, défense.

Menée, douzaine

Menée d'avergots, douzaine d'œufs.

Menesse, femme hargneuse.

Menée de ronds, douze sous.

Menestre, potage

Méquard, commandant.

Méquer, commander.

Merloussier, ère, rusé, ée.

Mettre au fourgat, recéler.

Mesigo, moi.

Meulard, veau.

Meunier, celui qui achète le plomb volé par les limousineurs.

Mezière, mezigue, moi.

Michon (du), de l'argent.

Mie de pain, pou.

Mince, papier.

Minuit, nègre.

Mion, garçon.

Mions de boule, coupeurs de bourse filous.

Miradou, miroir.

Mirette, œil.

Mirzale, boucle d'oreille.

Miseloque, théâtre.

Miseloquier, ère, acteur, actrice.

Mistik, voleur étranger.

Molanche, laine.

Mome, jeune garçon.

Momignard, petit enfant.

Monant, ante, ami, amie.

Monseigneur, pince propre aux effractions.

Montant, pantalon.

Montante, échelle.

Monter sur la table, se démasquer.

Mordante, scie.

Morfiller, manger.

Morfiante, assiette.

Morgane, sel.

Morganer, mordre.

Moricaud, broc.

Morne, mouton, brebis.

Mornifle, monnaie.

Mornifleur tarte, faux monnayeur.

Mornos, bouche.

Mort, morte, condamné, condamnée.

Mouscailler, chier.

Mouchailler, guetter.

Moucharde, la lune.

Mouchique, laid, mauvais.

Mouillante, soupe.

Mouillé (être), être apprécié selon sa valeur.

Mouise, soupe de médiocre qualité,

Moulin, repaire du « meunier »

Mouliner, bavarder.

Moussante, bière.

Mousseline, pain blanc.

Mousse, merde.

Mouton, espion chargé de gagner l'affection d'un prisonnier pour l'amener à faire des confidences dont la justice fera son profit.

Muette (la), la conscience.

Musicien, haricot.

N

Nageoir, poisson.

Narquois, routier passé à l'état de mendiant.

Nazareth, naze, nazicot; nazonant, nez.

Nègre blanc, remplaçant militaire.

— 31 —

Négresse, paquet recouvert de toile cirée ; — bouteille remplie de vin.
Neps, voleur juif coutumier.
Nez (avoir dans le), détester.
Nibergue, non.
Niente, rien, zéro.

Niert, individu quelconque.
Niort (aller à), nier.
Nonne, nonneur, complice du « tireur. », — V. ce mot.
Nousailles, nousiergue, nous.
Noyaux, écus.

O

Oche, oreille.
OEil, crédit.
Ogre, agent de remplacement.
Ogresse, marchande à la toilette.
Oignon; montre.
Oiseau fatal, corbeau.
Omnibus de coni, corbillard.
Oncle, concierge de prison.
Orange, pomme de terre.
Oreillard, âne.
Orgue, homme.

Orléans, vinaigre.
Ornichon, poulet.
Ormie, poule
Ornie de balle, poule d'Inde.
Ornion, chapon.
Orphelin, orfèvre, celui qui fait partie d'une bande de voleurs.
Os (de l'), de l'argent.
Ouvrage, vol.
Ouvrier, ère, voleur, voleuse.

P

Paccant, passant.
Paccin, paquet.
Pacquelin, pays.
Pacquelin du rabouin, pays du diable, enfer.
Pacquelinage, voyage.
Pacqueliner, voyager.
Pacquelineur, euse, voyageur, voyageuse.
Paf, ivre.
Paffe, soulier.
Pagne, assistance apportée par un voleur à un camarade sous les verrous.
Paillon, cuivre.
Palette, dent, main.
Palladier, pré.
Pallas (faire), trancher du grand seigneur, faire de l'embarras avec peu de chose.
Pallot, otte, paysan, paysanne.
Palpitant, cœur.
Pampeluche, Paris.

Panade, objet repoussant; femme laide, malpropre.
Panoufle, perruque.
Pantin, Paris.
Pantre, homme naïf, facile à duper.
Panturne, catin.
Papelard, papier.
Papillon, onne, blanchisseur, blanchisseuse.
Papillonner, voler du linge.
Papillonneur, euse, celui qui exploite les voitures des blanchisseuses.
Paguelin, enfer.
Pure à lance, parapluie.
Parfait amour de chiffonnier, eau-de-vie.
Parfond, e, pâté. cave.
Paron, carré, pallier.
Parrain, témoin.
Parrain fargneur, témoin à charge
Parrain d'altèque, témoin à décharge.

Parrainage, témoignage.

Passacailler, passer adroitement, usurper le tour de quelqu'un.

Passant, souliers.

Passe (la), la peine de mort.

Passe-crick, passe-port.

Passes-lacet, courtisane.

Passe-lance, bateau.

Passe singe, homme futé.

Passer de belle (se), être frustré de sa part dans un vol.

Passifle, soulier.

Passifleur, cordonnier.

Pate, lime.

Pastiquer, passer.

Pastiquer la maltouse, passer la contrebande.

Patraque, patrouille.

Patron, onne, père, mère.

Paturon, pied.

Paumer, perdre.

Paumer l'atout, perdre courage.

Paulre, synonyme de « pantre ».

Pavillon, onne, fou, folle.

Pavillonnage, folie.

Pavillonner, déraisonner.

Payot, forçat qui tenait une partie de la comptabilité et qui délivrait les vivres aux cuisiniers du bagne.

Peau-d'âne, tambour.

Pécoreur, voleur de grand chemin·

Pédé, synonyme « d'emproseur ».

Pègre, voleur.

Pègre à marteau, voleur besogneux, qui n'a pas le feu sacré et se conteute de peu.

Pègre (haute), association de voleurs qui ne commettent que des vols d'importance.

Pègre de la grande vergue, voleur de grande ville.

Pégriot, synonyme de « pègre à marteau ».

Peigne, clef.

Pélago, Sainte-Pélagie.

Pellard, foin.

Pelote, bourse.

Pelure, redingote.

Pendantes, boucles d'oreilles.

Pendu glacé, réverbère.

Penne, synonyme de « peigne »;

Père frappart, marteau.

Perpète, perpétuité.

Pesciller, prendre.

Pesciller d'esbrouffe, arracher.

Pétard, haricot.

Péter, se plaindre à la justice.

Petit monde, lentille.

Petite marine, bande de voleurs.

Pétrousquin, bourgeois.

Petouze, pistole.

Pèze, pièce de monnaie.

Pharos, ministre, préfet, général:

Philanthrope, filou.

Philibert, « faiseur », escroc.

Philosophe, pauvre hère.

Philosophes, souliers qui ont servi et qui pendent à l'étalage des cordonniers en vieux.

Philosophie, pauvreté.

Philipp, passe-port.

Piaf, amour-propre, vanité.

Piau, lit, *piausser*, se coucher.

Picorage, butin dérobé sur le grand chemin.

Picter, boire.

Picton, boisson.

Pictonner, boire.

Pièce, lentille.

Pied de cochon, pistolet.

Pied plat, juif.

Pierreuse, fille de mauvaise vie, qui s'embusque le soir dans les maisons en construction.

Piètre, membre de la grande famille des gueux.

Pieu, lit.

Pif, nez.

Pige, année.

Pigeon, dupe.

Piget, château.

Pilche, étui.

Pilier de boutanche, commis de magasin.

Pilier de pacquelin, commis-voyageur.

Pilloche, dent:

Piloir, doigt.

Pincer, voler.

Pingre, pauvre hère.

Pinos, dénier.

Piolle, cabaret, tapis-franc, chambre.

Piollier, cabaretier.

Pioncer, dormir.

Pipe (casser sa), mourir.

Pipé, château.

Piguante, épingle.

Pique-en-terre, volaille.

Pique-prune, tailleur.

Pitancher, boire.

Pitre, paillasse.

Pitroux, pistolet.

Pivase, synonyme de « pifa. »

Pivert, ressort de montre dentelé, propre à scier des bareaux et des fers.

Pivoirner, rougir.

Pivois, vin ; pivois savonné, vin blanc.

Pivot, plume.

Placarde, place publique.

Planche au pain, bancs des prévenus.

Planché, ée, condamné, condamnée.

Plancher, plaisanter.

Plancherie, méchante plaisanterie.

Plancheur, mauvais plaisant.

Planque, cachette.

Planquer, cacher.

Platine (avoir une bonne); avoir la langue bien pendue.

Platre, pièce d'argent.

Pleurant, oignon.

Plier la toilette, voler.

Plomb, mal vénérien.

Plombe, heure, année.

Plomber, sentir mauvais, puer.

Ployant, ployé, portefeuille.

Plume de la Beauce, paille.

Plure, redingote, manteau.

Pochard, ivrogne.

Pocharder (se), s'enivrer.

Pocharderie, ivrognerie.

Pogne, main.

Point (un), un franc.

Point de côté, ennemi des emproseurs, créancier.

Poisse, voleur.

Poiser, voler.

Poisser des philippes, voler de l'argent.

Poisson, entremetteur, souteneur de filles.

Poivre, poison.

Poivrement, payement.

Poivrer, payer.

Proivreur, payeur.

Poivrier, ivrogne.

Polichinelle, verre d'eau-de-vie.

Poli son, membre de la grande famille des gueux.

Pommard, bière.

Pomme à vers, fromage de hollande.

Pommer marron, prendre en flagrant délit.

Ponante, fille publique du plus bas étage.

Ponice, synonyme de « ponante ».

Pontes pour l'af, assemblée de fripons.

Pontonnière, fille publique qui exerce son métier sous les ponts.

Poser et marcher dedans, s'embrouiller.

Portanché, portier.

Portefeuille, lit.

Porte trèfle, pantalon.

Postiche, attroupement provoqué par des escamoteurs ou des marchands d'orviétan pour donner à leurs complices l'occasion de mettre les mains dans la poche des curieux.

Pot, cabriolet

Poulainte, escroquerie pratiquée sous couvert d'échange.

2**

Poupée, soldat.

Pour, peut-être ; l'opposé de ce que l'on allègue.

Pousse (la), les gendarmes.

Pousse au vice, mouche cantharide.

Poussier, monnaie.

Pré, bagne.

Préfectange, préfecture.

Prendre un rat par la queue, couper une bourse.

Prévot, cette fonction est remplie, dans les prisons, par le plus ancien de chaque chambrée ; elle consiste à distribuer aux détenus la ration de pain qui leur revient et à exercer une surveillance continue dans l'intérêt de l'hygiène et de la morale.

Priante, église.

Profonde, cave, poche.

Promoncerie, procédure.

Promont, procès.

Proute, plainte.

Prouter, se fâcher, se plaindre.

Proye, derrière.

Prune de monsieur, archevêque.

Prussien, derrière.

Punaise, femme d'un aspect répugnant, fille publique du plus bas étage.

Purée, cidre.

Purgation, plaidoyer.

Q

Quart-d'œil, commissaire de police.

Quart de marqué, semaine.

Quasi mort (être), être au secret.

Quatre coins, mouchoir.

Quelpoique, rien.

Quenottier, dentiste.

Queue, tromperie.

Qui va là (donner 'le), demander le passe-port.

Quinquet, œil.

R

Rabat, marteau.

Rabateux ou doubleux de sorgue, détrousseur nocturne.

Rabouin, diable.

Rabouler, revenir.

Raccourcir, guillotiner.

Rade ou radeau, tiroir.

Radin. gousset.

Raffale, misère.

Raffalé, ée, malheureux, malheureuse.

Raffalement, avilissement, misère.

Raffurer, regagner.

Raille, agent de police ; espion, mouchard.

Raisine, sang.

Ramastique, le ramastique est celui qui « trouve » un objet qu'il a laissé adroitement tomber à terre, et qui, pour quelques cents francs, cède à un badaud ce « bijou » qui en vaut bien dix.

Ramastiquer, ramasser.

Rapiat, auvergnat, savoyard. — Individu qui lésine.

Rapiot (le grand), première visite que subissaient les condamnés partant de Bicêtre pour le bagne.

Rapioter, visiter les condamnés que l'on conduit au bagne.

Rappliquer, revenir.

Rat, bourse.

Rat, voleur de pain.

Rata, ratatouille, fricassée.

Ratafia de grenouille, eau.

Ratichon, onne, abbé, abbesse.

Ratichonnière, abbaye.

Ravignole, récidive.

Raze, curé.
Rebatir, tuer.
Rebèqueter, répeter.
Rebiffe, vengeance.
Rebonnelage, flatterie.
Rebonneter, flatter.
Rebonneter pour l'af, flatter iro-
niquement.
Rebouisser, fixer, regarder.
Retours, déménagement sans bourse
délier.
Réchauffante, perruque.
Reconobrer, reconnaître.
Recorder, prévenir.
Redani, grâce.
Redin, bourse.
Redoublement de fièvre, charge
qui vient s'ajouter aux autres
charges de l'accusation.
Réduit, bourse.
Refaite, repas.
Refaite de coni, extrême-onction.
Refaite de jorne, dîner.
Refaite de sorgue, souper.
Refaite du matois, déjeuner.
Refroidir, assassiner.
Regout (faire du), manquer de pru-
dence.
Réguisé, ée, gueux, gueuse, sur le
point de voler.
Rejaquer, crier.
Relevante, moutarde.
Reluit, œil.
Reluit, jour.
Reluquer, regarder.
Remaquiller, refaire.
Rembrocable, reconnaissable.
Rembrocage de parrain; confron-
tation.
Rembroquer, reconnaître.
Rême, fromage.
Remoucher, regarder.
Renacler, crier après quelqu'un.
Renarder, vomir.
Renauder, être contrarié.
Rendève, rendez-vous.
Rengraciable, convertissable.

Rengracié, ée, converti, convertie.
Rengraciement, conversion, renon-
cement.
Rengracier, cesser.
Repaumer, reprendre.
Repésigner, arrêter de rechef.
Requin, douanier.
Resolir, revendre.
Résurrection (la), Saint-Lazare,
prison de femmes.
Retappe (faire le), fréquenter les
promenades.
Retappe, expression tirée du voca-
bulaire des filles publiques.
Revendre, répéter ce qu'on a enten-
du dire.
Richonner, rire.
Rien, garde-chiourme, argousin.
Rif, feu.
Riffaudante, flamme.
Riffaudate, incendie.
Riffauder, brûler, chauffer.
Riffauder, chauffeur. — Voleur qui
brûle les pieds des gens qu'il veut
dépouiller, pour les contraindre à
révéler l'endroit où leur argent est
renfermé.
Rifflard, riche.
Rifflard, parapluie.
Rigoler, rire.
Rincée, volée de coups de bâton ou de
coups de poing.
Rincer, frapper, dévaliser.
Riole, gaieté, débauche.
Rivaucher, accomplir l'acte véné-
rien.
Rivette, synonyme de « corvette ».
Rivette, fille publique.
Roant, porc.
Rober, enlever les vêtements à quel-
qu'un, après l'avoir volé.
Robignole, voir « cocange ».
Rochet, curé, évêque.
Romagnol ou romagnon, trésor
enfoui.
Romamichel, bohémien.
Rond, sou.

Rondelet, sein.

Rondin, synonyme de « rondelet».

Rondine, bague.

Rondiner, boutonner.

Rosbif, anglais.

Rossignol, marchandises de rebut.
— morceau de fer propre à forcer les portes.

Rôti et la salade (le), la marque et le fouet.

Rotin, son.

Roualre, lard.

Roublard, laid, incomplet, gâté.

Roue, juge d'instruction.

Roue de derrière, pièce de cinq francs.

Roue de devant, pièce de deux francs.

Rouen (aller à), marcher à sa ruine.

Rouget, cuivre.

Rouin, prévôt.

Roullarde, bouteille de vieux vin.

Roulant, fiacre.

Roulement de tambour, aboiement de chien.

Roulotage(grinchir au), voler dans les maisons de roulage.

Roulotte, charrette.

Roulotte en salade (grinchir une), voler des ballots dans une voiture.

Rouloutier, voleur de valises et de malles.

Roulotin, roulier, charretier.

Roumard, roué.

Roupie, punaise.

Roupiller, dormir.

Rouscailler, synonyme de « rivanger.

Rouspant, entremetteur au service des « emproseurs ».

Rousse (la), la police.

Roussi, synonyme de « mouton ».

Roussin, agent de police, mouchard.

Roustir, tromper.

Roveaux, gendarmes.

Rupin. richard, fashionnable.

Rusquin, écu.

Rutière, fille publique qui vole dans la rue, tout en causant.

S

Sablenent, cordonnier.

Sabler, étourdir, tuer avec une peau d'anguille remplie de sable.

Sabouler, décrotter.

Sabouleur, euse, décrotteur, décrotteuse.

Sabouleux, sujet du grand Coësre qui, pour capter la pitié, simulait l'épilepsie en se mettant un morceau de savon dans la bouche.

Sabrée, aune.

Sabrenot, cordonnier, savetier.

Sabri, forêt.

Sabrieux, voleur de bois.

Sacristain, amant ou mari d'une maîtresse de lupanar.

Salade, pêle-mêle.

Salade, fouet.

Saliverne, salade.

Saliverne, écuelle.

Sang de poisson, huile.

Sangliet, prêtre, confesseur.

Sans-beurre, chiffonnier du degré le plus élevé.

Sans-bout, cerceau.

Sans-chagri, synonyme de « batteur de dig-dig ».

Sans-cœur, usurier de prison et de bagne.

Sans-condé, furtivement.

Sans-dos, tabouret.

Sans-fade, sans partage.

Sans-feuille, potence.

Sans-toche, sourd.

Sans-rigole, sans plaisanterie.

Sapin, soldat.

Sapin, fiacre.

Satou, bois, bâton.

Salousier, menuisier.

Sauter, fruster ses complices de la part qui leur revient dans un vol.

Sauter a la capahut, synonyme de « ça achuter ».

Sauterelle, puce.

Savoir lire, être un voleur expérimenté.

Savoyarde, malle.

Sénaqui, pièce d'or.

Sentir, aimer.

Sergolle, ceinture.

Serpe, couteau.

Serpelliere, soutane.

Serpent, juge d'instruction.

Serpentin, matelas de galerien.

Serrante, serrure.

Sert, signe à l'usage des « grecs ».

Serviette, canne.

Servir, arrêter, saisir.

Sezière, sezigue, sézinguard, lui, elle.

Sifflet, gosier.

Sigle, pièce d'or.

Singe, patron, bourgeois.

Sinore, bête, idiot.

Sinve, dupe.

Sive, poule.

Sœur de charité, voleuses qui s'introduisent chez les malheureux sous prétexte de leur venir en aide et qui, tout en examinant ce qui leur manque, escamotent tout ce qu'elles peuvent du peu qu'ils ont.

Soissonné, haricot.

Solliceur, euse, marchand, marchande.

Solliceur à la gourre, individu qui se faufile dans les maisons et qui, à l'aide d'un boniment varié, vend deux fois plus qu'elle ne vaut une marchandise quelconque.

Solliceur à la pogne, marchand ambulant.

Solliceur de lacets, gendarme.

Solliceur de loffitude, homme de lettres.

Solliceur de zif, celui qui vend des foulards de l'Inde qui viennent de Lyon, ou qui se fait payer des marchandises qu'il ne livrera pas.

Sollir, vendre.

Sollir de l'onguent, subir la peine de l'exposition.

Sollisage, vente.

Sonde, médecin.

Sondeur, commis de barrières.

Sonnette, synonyme de « corvette ».

Sorbonne, tête.

Sorgabon, bonsoir.

Sorgue, nuit.

Soudrillard, débauché.

Soufflant, arme à feu.

Soulasse, trompeur, traître.

Soulasse (la grande), l'assassinat.

Soulographie, ivresse.

Sourd (le), le procureur.

Soutenante, canne.

Spade, épée.

Stroc, sellier.

Stuc, l'art du larcin.

Suage, chauffage.

Suageur, chauffeur.

Suce-larbin bureau de placement pour domestique.

Suer son argent (faire), placer son argent à un taux usuraire.

Suer un chêne sur le trimard (faire), assassiner sur la route.

Surbine, surveillance.

Surfine, synonyme de « sœur de charité ».

Surgebé (être), être de nouveau condamné.

Surgebement, condamnation définitive.

Surin, suriner, synonyme de « chourin, chouriner ».

T

Tabac (se donner du), se battre.
Tabar, tabarin, manteau.
Tablette, tuile, brique.
Taf, taffelas, peur.
Taffer, craindre, effrayer
Taffeur, poltron.
Taiblin, billet de complaisance.
Tambour, chien.
Tante, synonyme « d'emproseur » mont-de-piété.
Tap (faire le), synonyme de « solir de l'onguent ».
Tap blanc, dent.
Tap dur, serrurier.
Tapettes, faux poinçons destinés à marquer les objets en imitation d'or ou d'argent.
Tapettes, se dit des jeunes gens qui se livrent aux hommes.
Tapettes (jouer à la), se battre.
Tapis, auberge, cabaret.
Tapis de grive, cantine militaire.
Tapis de malade, cantine do prison
Tapis de refaite, table d'hôte, restaurant.
Tapis franc, cabaret de mauvais renom.
Tapis vert, prairie.
Tapissier, aubergiste, maître d'hôtel garni.
Taroque, marque.
Taroquer, marquer.
Tarte, tartelette, faux défectueux.
Tartir, chier.
Tas de pierre, prison.
Taule, maison.
Taule, bourreau,
Tauper, travailler.
Taupier, ère, égoïste.
Temple, manteau,
Tenante, chopine.
Tésière, tésigo, tésigne, tésigard, toi.

Tétard, obstiné.
Télue, épingle.
Thomas, vase de nuit.
Tigner, synonyme de « rivancher ».
Tigner d'esbrouffe, violer.
Tinteur, synonyme de « rivette »
Tiquer, voleur à la façon des carreurs (voir ce mot).
Tirant, bas.
Tirant doux au radouci, bas de soie.
Tire-jus, mouchoir.
Tirejuter, moucher.
Tirer (se la), s'enfuir.
Tirer une dent, soutirer de l'argent par ruse.
Tiretaine, tireur de campagne.
Tireur, voleur qui enlève la bourse ou le manteau.
Tirou, chemin de traverse, sentier.
Toc, bijoux faux.
Toccange, coquilles de noix.
Tocasse, méchant, méchante.
Tocasserie, méchanceté.
Toque, toque, malin, maline.
Tolle, synonyme de « taule ».
Tomber malade, être arrêté.
Toquade, manie.
Toquante, montre.
Toqué, ée, maniaque.
Toquer, sonner.
Torgnole, soufflet.
Tortillard, boiteux, bancal, anguleux.
Tortiller, manger.
Tortu, vin.
Toulabre, Toulon.
Tour (faire voir le), tromper.
Tourmente, colique.
Tournante, clef.
Tourne au tour, tonnelier.
Tourniquet, moulin.
Tourtouse, corde.

— 39 —

Tourtouser, lier.

Tourtouserie, corderie.

Tourtousier, cordier.

Touser, aller à la selle, à un signal donné par les argousins qui accompagnaient la chaîne.

Tout de cé, très-bien.

Toutime, tout.

Trac, peur. *Tractis*, facile à vivre, maniable.

Tranche ardent, mouchettes.

Traquer, craindre, effrayer.

Traîiner, marcher.

Traverse, bagne.

Traviole, contre-temps.

Tréfle, derrière.

Tréfle, tabac.

Tremblant, lit de sangle.

Trépe, attroupement.

Triage, une fois.

Triffonnière, tabatière.

Trimard, chemin.

Trimballage, transport.

Trimballer, transporter.

Trimballeur, porteur, conducteur.

Trimballeur de conis, croquemort, cocher de corbillard.

Trimballeur de pilier de bou-

tanche, voleur qui se fait apporter des marchandises chez lui pour les escamoter.

Trime, rue.

Trimer, marcher.

Trimelé, fil.

Trombille, bête.

Trombine, tête.

Trompe chasse, art.

Tronche (la), la tête lorsqu'elle est tranchée.

Trottante, souris.

Trotteur, rat.

Trottin, pied.

Trou d'Aix, anus.

Trouée, dentelle.

Truc, ruse.

Trucheux, mendiant à sébile.

Truffe de savetier, marron.

Tune, tunebée: Bicêtre. C'était de cette prison que partait la chaîne.

Tuneçon, maison d'arrêt.

Tuner, mendier.

Tuneur, euse, mendiant, mendiante.

Turbiner, travailler honnêtement.

Turbineur, euse, ouvrier, ouvrière.

Turne, bouge, maison borgne.

V

Vacquerie (aller en), sortir dans le but de voler.

Vade, multitude, attroupement.

Valade, poche.

Valser, se sauver.

Valser (faire), renvoyer, chasser.

Valtreuse, valise.

Valtreusier, voleur de valise ou de malle.

Vannage (faire un), duper au jeu. — Amorcer en laissant gagner d'abord son adversaire, pour lui enlever ensuite jusqu'à son dernier sou.

Vanterne, lunette, fenêtre.

Vanternier, voleur qui pénètre dans les maisons par des fenêtres qu'on a oublié de fermer.

Velo, postillon.

Velose, poste aux chevaux.

Venelle (enfiler la), s'enfuir par une rue détournée.

Verbe, crédit.

Verbe (salir, solir sur le), vendre à crédit.

Verdouse, pomme.

Verdousier, ère, fruitier, fruitière.

Vergne, ville.

Vergne-mec, capitale.

Vermine, avocat.

Versigot, Versailles.

Verver, pleurer.

Veuve (la), la potence, la guillotine.

Vicelot, petit vice.

Vigie, le voleur placé en vigie est celui qui, monté sur l'impériale d'une
diligence, à côté du conducteur,
profite du sommeil de ce dernier,
pour lancer une sacoche sur la route
à un endroit où un complice doit
se trouver.

Villois, village.

Vingt-deux, couteau.

Violon (sentir le), être près de
sa ruine.

Violon (jouer du), scier ses fers.

Violoné, ée, malheureux, malheureuse.

Vioque, vieux.

Vioquir, vieillir.

Vise-au-trèfle, apothicaire.

Voile, voiture.

Volant, oiseau, volaille;

Volant, manteau.

Vouzailles, vous.

Voyageur (vol au). voy. « valtreusier».

Vrille (vol à la), percer, la nuit, à
l'aide d'une vrille ou d'un villebrequin, quatre trous à une égale
distance dans une devanture de
boutique ou à des volets d'étude de
notaire, introduire ensuite une
petite scie dans un des trous et détacher le morceau de planche compris entre les quatre trous, puis
introduire sa main par cette ouverture; faire jouer verrous ou crochets
et pénétrer dans l'intérieur. Telle
est l'industrie qui porte ce nom.

Z

Zerver, pleurer.

Zif, marchandise imaginaire (voy.

solliceur de rif).

Zig, camarade.

Armes. — La fabrication, la vente et le port
d'armes prohibées par la loi ou par des règlements
d'administration publique sont des délits punis par
l'article 314 du Code pénal.

Les armes prohibées sont :

Les *poignards, stylets, tromblons, couteaux en
forme de poignards, pistolets de poche, épées en
bâtons, bâtons à ferrements autres que ceux qui sont
ferrés par le bout, fusils, pistolets à vent et revol-
vers au-dessous de 150 millimètres.*

On ne peut porter en voyage que des armes non
prohibées. Les gens non domiciliés, vagabonds ou
sans aveu ne peuvent en porter.

Armes de guerre. — La fabrication, la dis-

tribution et la détention des armes de guerre, hors
les cas d'autorisation prévus par la loi, constituent
un délit puni par la loi du 24 mai 1834.

Ces dispositions s'appliquent également aux fabricants, distributeurs et détenteurs de poudre ou
d'autres munitions de guerre.

Armuriers. — L'ordonnance du 24 juillet 1817,
article 12, prescrit aux armuriers de tenir un registre coté et paraphé par le maire ou le commissaire
de police pour y inscrire les noms des personnes qui
achètent ou vendent des armes.

Arrestations. — Les agents de police ne peuvent faire aucune arrestation, si ce n'est dans le cas
de flagrant délit, et lorsque le fait est de nature à
entraîner une peine afflictive ou infamante. Ils peuvent être chargés d'exécuter les mandements de
justice.

Les gardes champêtres et forestiers, en tant que
préposés à la garde des propriétés rurales et fores-
tières, peuvent opérer une arrestation lorsqu'ils découvrent dans le territoire, pour lequel ils sont
assermentés, un délit flagrant ou dénoncé par la clameur publique, qui soit passible d'emprisonnement
ou d'une peine plus grave.

Ils peuvent, au besoin, requérir main forte et
doivent conduire l'individu arrêté devant le juge de
paix ou devant le commissaire de police.

Arrêtés ou règlements de police. —
Chaque agent doit bien s'attacher à connaître les
arrêtés ou règlements applicables à la localité. C'est
là la base de la police municipale.

Artifices (Pièces d'). — Pour que le fait de tirer
des pièces d'artifices soit punissable, il faut qu'un
arrêté municiqal défende le tir sur la voie publique.

L'infraction est alors une contravention prévue et punie par l'article 471, n° 2, du Code pénal.

Axphyxiés (Secours aux). — Lorsqu'un cas d'asphyxie leur est signalé, les agents se hâtent de prévenir le commissaire de police de leur quartier, et se rendent immédiatement sur les lieux. Ils s'occupent alors des secours à administrer à l'individu.

Voici les prescriptions en vigueur dans le ressort de la préfecture de police :

Par la submersion.

Dès que le noyé est retiré de l'eau, on doit le coucher sur le côté, et, de préférence, sur le côté droit. On incline légèrement la tête en avant, en la soutenant par le front : on écarte doucement les mâchoires, et l'on facilite ainsi la sortie de l'eau qui pourrait s'être introduite par la bouche et par les narines.

Ensuite déshabiller le noyé, le mettre dans une couverture de laine, la tête un peu élevée ; débarrasser le nez et la bouche des mucosités qui peuvent s'y trouver; frictionner les membres ; briques chaudes, serviettes chaudes pour les réchauffer.

Presser doucement la poitrine et le ventre l'un après l'autre ; déboucher souvent sous le nez un flacon d'alcali affaibli, en le laissant peu de temps.

Quand le noyé commence à respirer, insufflation de l'air dans les poumons au moyen d'un roseau ou tout autre tuyau. Lavement avec de l'eau salée ; une cuillerée de sel sur quatre verres d'eau, introduction de la fumée de tabac dans l'anus pendant deux minutes, puis attendre un quart d'heure chaque fois avant de recommencer.

Par la pendaison.

La première opération à pratiquer consiste à détacher, ou plutôt à couper pour aller plus vite le lien qui entoure le cou, et, s'il y a suspension, à descendre le corps en le soutenant de manière à ce qu'il n'éprouve aucune secousse ; tout cela doit être fait sans délai et sans attendre l'arrivée du commissaire de police. Ensuite, il faut tout aussitôt enlever ou desserrer les jarretières, la cravate, les cordons de jupes, le corset, la ceinture de culotte, en un mot, toute pièce de vêtement qui pourrait gêner la circulation.

On placera le corps, toujours sans lui faire éprouver de secousses, selon que les circonstances le permettront, sur un lit, sur un matelas, sur de la paille, et de manière cependant qu'il y soit commodément, et que la tête et la poitrine soient plus élevés que le reste du corps.

Lorsque après l'enlèvement du lien, si les veines du cou sont gonflées, la face rouge tirant sur le violet, si l'empreinte produite par le lien est noirâtre, et si le médecin tarde à arriver, on peut mettre derrière chaque oreille, ainsi qu'à chaque tempe, six à huit sangsues.

Si la suspension ou la strangulation a eu lieu depuis peu de minutes, il suffit quelquefois, pour rappeler l'individu à la vie, de faire des affusions d'eau froide sur la face, d'appliquer sur le front et sur la tête des linges trempés dans l'eau froide, et de faire en même temps des frictions aux extrémités inférieures.

Dans tous les cas, il faut, dès le commencement, exercer sur la poitrine et sur le bas-ventre des pressions intermittentes, afin de provoquer la respiration.

Par les gaz méphitiques.

On comprend, sous la dénomination générale d'asphyxies par les gaz méphitiques, les asphyxies produites par la vapeur de charbon, par les émanations des fours à chaux, des fosses d'aisance, des puits, des puisards, des citernes, des égouts, des cuves à vin, bière, cidre, vinaigre, en un mot, par les gaz impropres à la respiration.

Toutes peuvent être traitées par les moyens qui suivent :

Il faut retirer le plus promptement possible l'asphyxié du lieu méphitisé et l'exposer au grand air.

On le débarrassera alors de ses vêtements.

Cependant, si l'asphyxie a eu lieu dans une fosse d'aisance et si l'on a de l'eau chlorurée à sa disposition, il faut tout d'abord, et avant de déshabiller l'asphyxié, l'arroser largement avec cette eau.

Le malade dépouillé de ses vêtements, placé dans un lieu d'une température modérée, doit être assis sur une chaise et maintenu dans cette position en soutenant la tête verticalement; on lui jettera dès lors, avec force, de l'eau froide par potées sur le corps et principalement au visage; cette opération doit être continuée longtemps, surtout dans l'asphyxie par la vapeur du charbon, des cuves en fermentation, en un mot par le gaz acide carbonique.

De temps à autre, on s'arrêtera pour provoquer la respiration comme il a été dit précédemment à l'occasion des noyés.

Si l'asphyxié commence à donner quelques signes de vie, il ne faut pas discontinuer les affusions d'eau froide, seulement, il faut faire attention à ne pas lui jeter de l'eau sur la bouche pendant qu'il fait des mouvements d'inspiration.

S'il fait quelques efforts pour vomir, il faut les favoriser en chatouillant l'arrière-bouche avec les barbes d'une plume.

Dès que l'asphyxié pourra avaler, on devra lui faire boire de l'eau vinaigrée.

Lorsque la respiration sera rétablie, il faudra, après avoir bien essuyé le malade, le coucher dans un lit bassiné, et lui administrer un lavement avec de l'eau dégourdie, dans laquelle on aura fait fondre, gros comme une noix, du savon, ou encore à laquelle on aura ajouté pour chaque lavement deux cuillerées à bouche de vinaigre.

Par la foudre.

Lorsqu'une personne a été asphyxiée par la foudre, il faut immédiatement la porter au grand air, la dépouiller promptement de ses vêtements, faire des affusions d'eau froide comme il a été dit pour les asphyxiés par les gaz méphitiques. Pratiquer ensuite des frictions aux extrémités et chercher à rétablir la respiration par des compressions alternatives de la poitrine au bas-ventre, comme pour les noyés.

Par le froid.

Dans l'asphyxie par le froid, il est de la plus haute importance de ne rétablir la chaleur que lentement et par degrés. Il faut se garder surtout d'approcher l'asphyxié du feu ou de le mettre dans un lieu échauffé.

Si l'asphyxie ou la submersion ont eu lieu par un froid de plusieurs degrés au-dessous de zéro et que le malade conserve encore de la souplesse, on le déshabillera et l'on couvrira tout le corps, y compris les membres, de linges trempés dans l'eau froide, qu'on rendra plus froide encore en y ajoutant des glaçons concassés.

Si le corps était tellement frappé par le froid qu'il fût dans un état de rigidité prononcée, il y aurait avantage à le plonger dans une baignoire contenant assez d'eau pour que le tronc et les membres en fussent couverts. Cette eau devrait être aussi froide que possible, et l'on en élèverait la température par degrés, de dix en dix minutes.

Lorsque les membres auront perdu leur roideur et offriront de la souplesse, on fera exercer à la poitrine et au ventre quelques mouvements, dans le but de provoquer la respiration, comme il a été dit à l'article des noyés, on continuera en même temps des frictions sur le corps et sur les membres, soit avec la neige, si l'on a pu s'en procurer, soit avec des linges trempés dans l'eau froide.

Lorsque le malade commence à se réchauffer ou qu'il se manifeste des signes de vie, on doit l'essuyer avec soin et le placer dans un lit qui ne doit pas être plus chaud que le corps lui-même. Il ne faut pas non plus allumer du feu dans la pièce où est le lit, avant que le corps ait entièrement recouvré sa chaleur naturelle.

Aussitôt que le malade peut avaler quelque chose, on peut lui faire prendre un demi-verre d'eau froide, dans laquelle on a ajouté une demi-cuillerée d'eau de mélisse, d'eau de cologne, ou de tout autre spiritueux.

Si, au contraire, l'asphyxié avait de la propension à l'engourdissement, on lui ferait boire un peu d'eau vinaigrée, et si cet assoupissement était profond, on administrerait des lavements irritants, soit avec de l'eau salée, soit avec de l'eau de savon.

Par la chaleur.

Si l'asphyxie a eu lieu par le séjour dans un lieu trop chaud, il faut porter l'asphyxié dans un lieu plus frais, mais pas trop froid, et le débarrasser de tout vêtement qui pourrait gêner la circulation.

Dans toute asphyxie par la chaleur, la première indication à remplir est de débarrasser le cerveau en tirant du sang ; s'il n'y avait pas là un médecin pour pratiquer une saignée et que quelqu'un des assistants fût apte à le faire, il ne devrait pas hésiter un seul instant, principalement dans les contrées et les saisons chaudes.

Les bains de pieds, médiocrement chauds, auxquels on peut ajouter des cendres ou du sel sont indiqués.

Tout aussitôt que le malade peut avaler, il faut lui faire boire, par petites gorgées, de l'eau fraîche acidulée avec du vinaigre, ou du jus de citron, et lui donner des lavements d'eau vinaigrée, mais un peu plus chargée en vinaigre que l'eau destinée à être bue.

Si la maladie persiste, si elle fait des progrès, et si aucun des assistants n'est apte à pratiquer une saignée, on peut, sans attendre l'arrivée du médecin, appliquer huit à dix sangsues derrière chaque oreille ou quinze à vingt à l'anus.

Si l'asphyxie a été déterminée par l'action du soleil, comme cela arrive surtout aux moissonneurs et aux militaires, le traitement est le même ; mais il faut, dans ce cas, insister sur les applications d'eau froide sur la tête ; il est à noter que c'est surtout dans ces circonstances que la saignée est efficace.

Tableau des premiers secours

A donner aux brûlés et empoisonnés, composé par le docteur Hue et N. Daufresne, vu et approuvé par M. Orfila, autorisé par le Conseil royal de l'Instruction publique.

NOTA. — Il est bien entendu que toutes les indications que contient ce tableau ne sont pas destinées à remplacer la présence du médecin, qui doit toujours être appelé ; elles ne doivent être mises en usage qu'en attendant son arrivée, qui doit toujours être sollicitée le plus promptement possible.

POISONS		ANTIDOTES	MODE D'ADMINISTRATION.
Acides concentrés.			
NOMS NOUVEAUX	NOMS ANCIENS.		
Acide sulfurique......	Huile de vitriol.		Gorger le malade d'eau dans laquelle on aura délayé trente grammes de cette substance par litre. On donnera un demi-verre de ce liquide toutes les deux minutes, afin de favoriser le vomissement, que l'on provoquera avec les doigts ou avec la barbe d'une plume. A défaut de magnésie, on administrera de l'eau de savon ou des blancs d'œufs délayés dans l'eau.
Acide azotique ou nitrique...............	Eau forte, Esprit de nitre.		
Acide chlorydrique ou hydrochlorique......	Esprit de sel, Acide muriatique.		
Acide phosphorique...	Acide de l'urine.		
Acide oxalique.........	Acide de l'oseille ou du sucre.		
Oxalate acide de potasse..	Sel d'oseille.	Magnésie	
Acide tartrique........	Acide tartareux.	calcinée.	
Acide acétique..........	Vinaigre radical. Acide acéteux. Esprit de Vénus. Vinaigre de bois. Acide pyroligneux.		
Acide citrique..........	Acide du citron.		
Chlore...... ....,	Acide muriatique oxygéné.		
Chlorure de potasse ou de soude..........	Eau de javelle.		

POISONS		ANTIDOTES	MODE D'ADMINISTRATION

Alcalis concentrés.

NOMS NOUVEAUX	NOMS ANCIENS		
Potasse à l'alcool.....	Potasse caustique.		
Potasse à la chaux....	Pierre à cautère.		
Carbonate de potasse	Sel de tartre, potasse du commerce.		
Soude ou oxyde de sodium........	Soude caustique.	Vinaigre ou Jus de Citron.	Administrer plusieurs verres d'eau acidulée avec deux cuilierées à bouche d'une de ces deux substances par litre.
Carbonate de soude..	Lessive des savonniers. Alcali marin. Alcali minéral caustiq.		
Ammoniaque liquide.	Alcali volatil fluor.		
Chaux ou oxide de calcium........	Chaux vive.		

Préparations mercurielles.

Bi-chlorure de mercure.............	Sublimé corrosif.		S'il est possible d'administrer ce remède immédiatement après l'empoisonnement, il en sera mis trente grammes en suspension dans un litre d'eau, et l'on donnera ce mélange par verres à trois minutes d'intervalle. Sinon, on agitera comme je vais le dire en parlant des préparations cuivreuses.
Bioxyde de mercure rouge..............	Précipité rouge.		
Sous-sulfate de bioxyde de mercure.	Turbith minéral.	Protosulfure de fer.	
Nitrate et mieux Azotate de mercure.....	Nitre mercuriel, Eau mercurielle.		
Sous-nitrate de bioxyde de mercure......	Turbith nitreux.		
Cyanure de mercure.			
Protiodure de mercure			
Deutiodure de mercure.			
Onguent mercuriel. .	Onguent napolitain.		
Protochlorure de mercure........	Calomel, Calomélas, Aquila alba.		Délayer quatre ou cinq blancs d'œufs frais dans deux litres d'eau froide, donner un demi-verre de ce liquide toutes les deux minutes, afin de favoriser le vomissement. Dans le cas où l'on ne pourrait se procurer ce remède, on donnerait en abondance du lait étendu d'eau.

Préparations cuivreuses.

Sous-acétate de cuivre	Vert-de-gris artificiel.		
Carbonate de cuivre.	Vert-de-gris naturel.	Albumine ou blanc d'œuf	
Sulfate de cuivre......	Couperose bleue, Vitriol bleu.		
Chlorure de cuivre....	Muriate de cuivre.		
Oxyde de cuivre.......	Rouille de cuivre.		
Oxyde de cuivre ammoniacal...	Eau céleste.		
Nitrate de cuivre......	Nitre cuivreux.		

POISONS		ANTIDOTES	MODE D'ADMINISTRATION

Préparations arsenicales.

NOMS NOUVEAUX	NOMS ANCIENS	ANTIDOTES	MODE D'ADMINISTRATION
Acide arsénieux......	Arsenic blanc, Mort aux rats.		
Protoxyde noir d'arsenic...............	Poudre aux mouches.		Boire abondamment de l'eau dans laquelle on aura délayé par litre cent grammes de cette substance. On ne remplacera jamais cette préparation par le colcotar (péroxide de fer sec).
Acide arsénique.......	Acide arsenical.		
Arséniate de po'asse	Sel arsenical Macquer.	Hydrate de peroxyde de fer gélatineux.	
Arséniate de soude....	Sel arsenical de soude.		
Arséniate d'ammoniaque.................	Ammoniaque arsenical.		
Sulfure d'arsenic jaune...............	Orpiment natif ou artificiel.		
Sulfure d'arsenic rouge.................	Réalgar natif ou artific.		
Pâte arsenicale........	Pâte de Rousselot, du frère Côme.		

Préparations de plomb.

POISONS		ANTIDOTES	MODE D'ADMINISTRATION
Acétate de plomb cristallisé....	Sucre de Saturne. Sel de Saturne.		
Sous-acétate de plomb liquide.................	Extrait de Saturne. Eau blanche. Eau végéto-minérale.	Sulfate de soude ou de magnésie.	Faire boire de l'eau dans laquelle on aura fait dissoudre dix grammes de l'un ou l'autre de ces deux sels par litre.
Carbonate de plomb.	Blanc de plomb. Céruse. Blanc de céruse.		
Protoxyde de plomb.	Massicot. Litharge.		
Oxyde rouge de plomb	Minium.		

POISONS	ANTIDOTES	MODE D'ADMINISTRATION

Préparations antimoniales.

NOMS NOUVEAUX	NOMS ANCIENS		

POISONS		ANTIDOTES	MODE D'ADMINISTRATION
Tartatre de potasse et d'antimoine.........	Tartre stibié, Emétique. Tartre antimonié. Tartre émétique.		
Chlorure d'antimoine	Beurre d'antimoine.		
Oxy-sulfure d'antimoine hydraté......	Kermès minéral. Poudre des Chartreux. Oxyde d'antimoine hydro-sulfuré brun.		
Oxy-sulfure sulfuré d'antimoine..........	Soufre doré d'antimoine. Oxyde d'antimoine hydro-sulfuré orange.		
Oxy-chlorure d'antimoine...............	Poudre d'Algaroth. Mercure de vie. Mercure de mort.	Noix de galle. Ecorce de quinquina.	Provoquer le vomissement avec de l'eau tiède: pendant ce temps-là faire bouillir pendant dix minutes, dans deux litres d'eau, quatre ou cinq noix de galle concassées, ou trente grammes d'écorce de quinquina pulvérisée grossièrement. On fera boire plusieurs demi-verres de cette décoction, à quelques minutes d'intervalle.
Protoxyde d'antimoine par le feu.........	Fleurs d'antimoine.		
Acide antimonieux...	Argentine de régule d'antimoine. Neige d'antimoine.		
Oxyde d'antimoine par le nitre..........	Antimoine diaphorétique lavé.		
Acide antimonique...	Matière perlée de Kerkringius.		
Oxyde d'antimoine uni à la potasse.....	Antimoine diaphérétique non lavé.		
Oxyde d'antimoine par l'eau régale....	Bezoard minéral.		
Oxyde d'antimoine plus ou moins sulfuré et combiné à l'acide silicique.....	Foie d'antimoine. Crocus metallorum. Verre d'antimoine.		

POISONS		ANTIDOTES	MODE D'ADMINISTRATION

Préparations d'étain.

NOMS NOUVEAUX	NOMS ANCIENS		
Chlorure d'étain......	Sel de Jupiter. Liqueur fumante de Libavius. Sel d'étain. Beurre d'étain. Muriate d'étain.	Lait.	En boire plusieurs verres, étendu de cinq ou de six fois son poids d'eau de fontaine.

Préparations de bismuth d'or. de zinc.

Sous-azotate de bismuth..............	Blanc de fard. Magistère de bismuth. Oxyde de bismuth.	Graine de lin. Racine de Guimauve	Faire boire quelques verres d'eau tiède ou d'une décoction tiède d'une de ces substances pour favoriser le vomissement.
Chlorhydrate de chlorure d'or.............	Muriate d'or, Sel régalin		
Protoxyde de zinc...	Fleurs de zinc. Pompholix. Laine philosophique. Vitriol blanc.		
Sulfate de zinc.......	Couperose blanche. Vitriol de zinc.		

Préparations barytiques d'argent.

Protoxyde de baryum ou baryte.............	Barote. Terre pesante. Spath pesant.	Sulfate de soude. Sulfate de magnésie.	Faire boire en plusieurs fois un litre d'eau dans laquelle on aura fait dissoudre huit grammes de l'un ou l'autre de ces deux sels.
Carbonate de baryte.	Terre pesante aérée.		
Chlorure de baryum.	Sel marin barotique. Muriate de baryte.		
Nitrate ou Azotate d'argent.............	Pierre infernale. Cristaux de lune.	Sel de cuisine.	Une cuillerée de sel dans deux litres d'eau En boire plusieurs demi-verres.

Azotate de potasse ou Nitrate de potasse.	Sel de nitre.		Même traitement que pour les préparations bismuthiques, d'or et de zinc.
Chlorhydrate d'ammoniaque.............	Sel ammoniac.		
Poly-sulfure de potassium..............	Foie de soufre.		
Poly-sulfure de potassium liquide......	Bains de Barèges.		

POISONS	MODE D'ADMINISTRATION	
	Cantharides.	
Cantharides............ *Teinture de cantharides*................. *Emplâtre de cantharides*................. *Pommade de cantharides*................. *Pommade épispastique*................. *Cantharides pulvérisées*.................	Ces insectes coléoptères appliqués sur la peau, ou introduits dans l'estomac, donnent souvent lieu à des accidents très graves qui peuvent être suivis de la mort.	Prendre abondamment de l'eau tiède ou bien une décoction de racine de guimauve, de graine de lin ou de mauve.
EMPOISONNEMENT par les moules.	Faire vomir et purger comme dans l'empoisonnement par les champignons ; puis donner quelques tasses d'un thé de tilleul chaud et sucré.	
MORSURE par les animaux suspects.	Laver la plaie avec de l'eau salée ; la faire saigner. — Ventouses sèches sur la plaie. — Cautériser promptement.	
PIQURE de la vipère, des frelons, etc.	Répandre sur la piqûre une goutte d'alcali volatil : en frictionner le pourtour de la plaie ; en faire prendre cinq à six gouttes dans une tasse de tilleul chaud et sucré. Rester au lit ; y provoquer des sueurs. Ne pas manger pendant huit ou dix heures.	
INTRODUCTION d'une épingle dans l'estomac, du verre pilé, de l'émail ou d'autres corps anguleux.	Donner des soupes épaisses, des pommes de terre, des purées, du riz très épais ; puis administrer l'émétique comme pour l'empoisonnement par les végétaux (*voir ci-après*), et demander le médecin.	

Végétaux.

Opium.................... Extrait d'opium. ..... Laudanum de Syden- ham............. .... Laudanum de Rous- seau.................. Morphine................ Acétate de morphine. Sulfate de morphine. Chlorydrate de mor- phine........		Administrer de la noix de galle comme il a été dit en parlant de l'émétique. Faire vomir aussitôt après avec vingt centigrammes d'émétique en dissolution dans deux verres d'eau. Donner ensuite de la limonade ou de l'eau sucrée vinaigrée, par demi-verres et à plusieurs reprises.
Belladone............. Solanum............... Champignons...... ...... Noix vomique......... Coque du Levan ...... Grande et petite ciguë Tabac......... .... Stramonium,.......... Digitale pourprée.... Laurier-rose.. .... Rue	Ivraie Aristoloches. Aconit. Ellébore. Seigle ergoté. Brucine. Strychnine. Jusquiame noire. Jusquiame blanche. Laitue vireuse.	Faire vomir avec quinze ou vingt centigrammes d'émétique en dissolution dans deux verres d'eau. Ce remède sera pris en deux fois, à quinze ou vingt minutes d'intervalle. L'effet en sera favorisé par la titillation de la gorge, à l'aide d'une plume ou des doigts. Lorsqu'on pensera que l'estomac aura été débarrassé des substances qu'il contenait, on purgera avec 40 grammes d'eau de Sedlitz donnée par verres, à une heure d'intervalle, jusqu'à production de 5 ou 6 évacuations ; ensuite on donnera de la limonade ou de l'eau sucrée vinaigrée. On peut aussi administrer de l'eau gommée, de l'eau de graine de lin, une infusion de fleurs de mauves, de racine de guimauve ou de l'eau sucrée. Il importe de faire boire abondamment.
Anémone pulsatille... Bois-joli............... Sainbois ou Ecorce de garou...... ...... Bryonne ou Couleu- vrée, Navet du Dia- ble...................... Colchique.............. Coloquinte.. .... Concombre sauvage.. Chélidoine, Eclaire.. Couronne impériale.	Gomme gutte Gratiole. Staphysaigre. Joubarbe des toits. Narcisse des prés. Noix des Barbades, Pignons d'Inde. Ricin. Renoncule des prés. Sabine. Scammonée.	Administrer les boissons adou- cissantes qui ont été nommées à la fin de l'article précédent.

Suite des *Végétaux*.

Acide cyanhydrique ou hydrocyanique.. *Laurier-cerise.... .....* *Eau de laurier-cerise* *Huile de laurier-cerise..................* *Extrait de laurier-cerise..............* *Amandes amères... ..* *Eau d'amandes amères..................* *Huile d'amandes a-mères..............*	Placer sous les narines un flacon rempli d'eau chlorée préparée avec quatre parties d'eau et une partie d'eau saturée de chlore ou un flacon d'eau de javelle. Eloigner et rapprocher souvent le flacon du nez. A défaut d'eau chlorée, on emploierait de l'eau ammoniacale préparée avec douze parties d'eau et une d'alcali volatil liquide. En même temps on jetterait de l'eau froide sur la colonne vertébrale.

Administrer vingt centigrammes d'émétique en dissolution dans deux verres d'eau, par tasses de cinq en cinq minutes. Si au bout de vingt minutes le vomissement n'a pas eu lieu, on donnera une tasse d'une forte infusion de café faite en versant un litre d'eau bouillante sur 200 grammes de café moulu. La liqueur sera passée dix minutes après, et on y ajoutera 3 cuillerées d'huile de térébenthine : ce remède sera pris par tasses, à une heure d'intervalle.

Brûlures

Lorsque la brûlure n'aura pas été portée jusqu'à la destruction de l'épiderme, on appliquera le plus tôt possible sur la partie lésée une compresse épaisse, imbibée d'eau-de-vie. On la fixera avec une bande, ou autrement, en exerçant une pression modérée. Il faudra humecter de temps en temps cette compresse, afin que l'application de l'eau-de-vie ait lieu sans interruption pendant 12 ou 15 heures.

Si la brûlure a été plus forte, si elle a même été portée jusqu'à la désorganisation de la peau, il faut couvrir d'une épaisse couche de coton cardé toute la partie brûlée, après avoir vidé, par une simple piqûre, les ampoules qui auraient pu se former. Si l'accident a compromis la main ou le pied, on mettra une petite couche de coton cardé dans les intervalles des doigts ou des orteils. Se hâter d'appeler le médecin, qui seul peut prévenir et juger les accidents consécutifs et très graves.

Assassinat. — En cas d'assassinat ou de tentative d'assassinat le coupable présumé doit être arrêté immédiatement.

Associations non autorisées. — Dès qu'un agent a connaissance qu'une association de plus de vingt personnes, non autorisée, a lieu dans un endroit quelconque, il en donne avis sur le champ au commissaire de police.

Association internationale. — L'affiliation à cette association est prévue et punie par la loi du 14 mai 1872. — Le délit peut être établi par la découverte de cartes, carnets ou livrets délivrés par le comité central.

Attentats. — Il y a plusieurs catégories d'attentats :

L'attentat contre la vie ou la personne du chef de l'Etat ou contre l'Etat ;

L'offense envers la personne du chef de l'Etat ;

L'attentat contre les mœurs ou outrage public à la pudeur.

Attentats à la liberté individuelle. — L'attentat à la liberté individuelle par un agent est un crime prévu et puni par l'article 114 du Code pénal, à moins qu'il ne justifie qu'il a agi par ordre d'un supérieur et pour des objets du ressort de celui-ci, et sur lesquels il lui était dû obéissance hiérarchique. Dans ce cas, le supérieur seul est coupable.

Attroupements ou émeutes. — L'attroupement est un délit prévu par la loi du 10 avril 1831.

Les agents de police doivent informer immédiatement le commissaire de police lorsqu'un attroupement ou émeute se produit, car ces derniers ont seuls qualité, concurremment avec les maires, pour le dissiper par la force s'il en était nécessaire.

Aubergistes. — Les aubergistes sont obligés

de tenir un registre sur lequel doivent être inscrits les noms des personnes qui ont passé la nuit dans leurs maisons.

Les agents doivent mettre tous leurs soins à faire des tournées dans les auberges de bas étage, et à s'assurer de tous individus qui paraîtraient suspects ou ne pourraient justifier de leur identité.

Avortement. — L'avortement est un crime prévu par l'article 317 du Code pénal. Lorsqu'un agent acquiert la connaissance d'un avortement il en donne avis au commissaire de police.

B

Bacs et Bateaux. — Le fait de se soustraire au paiement des sommes portées au tarif des bacs et bateaux est une contravention à la loi du 6 frimaire an VII, que les agents sont aptes à constater.

Bains et Baigneurs. — Lorsque le maire a pris un arrêté pour la police des bains en rivière, en ville et de mer, c'est aux agents de police et aux gardes champêtres à en assurer la stricte exécution.

Balances. — Les marchands ou fabricants trouvés en possession de balances non ajustées ou fausses, mais dont ils ne font pas usage, commettent une contravention prévue et punie par l'article 479 du Code pénal.

L'usage de ces mêmes balances est un délit prévu et puni par l'article 423 du même Code. La saisie des instruments doit toujours être opérée.

Balayage. — Le fait de ne pas balayer le devant des maisons, lorsque cette mesure est ordonnée par un arrêté de police municipale, est une contravention punie par l'article 471 du Code pénal.

Balcons. — Les balcons ne peuvent avoir une

saillie sur la façade de la maison de plus de 22 centimètres.

Ce qui a rapport à cet objet est réglementé par
l'ordonnance royale du 24 décembre 1852, article 3.

Les agents ont qualité pour constater les infractions.

Ballons. — V. *Aérostats*.

Bals publics. — Les contraventions aux règlements faits par l'autorité municipale pour la police
intérieure des bals peuvent être constatées par les
agents.

Ban (Rupture de). — V. *Surveillance légale*.

Ban de vendanges. — C'est au maire seul
de fixer, par un arrêté, le ban d'ouverture des vendanges.

Les contraventions sont constatées par les agents
et les gardes champêtres (Code pénal, art. 475 et
478).

Bancs. — Etablissement de bancs en saillie sur
la voie publique.

V. *Abat-vent, balcons*.

Banqueroute. — Les agents ont pour devoir d'avertir le commissaire de police des faits
ou des bruits de banqueroute qui peuvent être mis
par la clameur publique sur le compte d'un individu.

Barrage. — Si un barrage fait sans droit sur
une rivière ou cours d'eau quelconque a été la cause
de l'inondation des propriétés riveraines, il y a un
délit qui doit être constaté par le garde champêtre.

Bâtiments. — Les agents doivent, dans leurs
tournées, s'assurer du bon état des maisons ou bâtiments. Ils doivent, sur le champ, signaler au commissaire de police les maisons menaçant ruine.

Bergers, Pâtres. Les bergers et les pâtres

qui mènent les troupeaux, quelle qu'en soit l'espèce, dans les champs moissonnés et ouverts, moins de deux jours après l'enlèvement de la récolte entière, commettent nne contravention à la loi du 6 octobre 1791.

Bestiaux morts. — V. *Animaux.*

Beurre. — Dans les lieux où se tient un marché public, la vente du beurre et du fromage doit être exactement surveillée.

Le beurre et le fromage gâtés ou contenant des mélanges, doivent être saisis (L. du 27 mars 1851).

Bijoutiers. — Sont astreints à tenir un registre où doivent être inscrits tous les achats et les ventes qu'ils font.

Blés (coupés en vert). — Le fait de couper des blés ou grains en vert est un délit prévu par l'article 460 du Code pénal.

Lorsqu'il n'y a pas intention manifeste de voler, et que la quantité coupée est de peu d'importance, le fait devient une contravention à la loi des 28 septembre, 6 octobre 1791, article 28, titre II.

Blessures. — Les blessures et les coups portés volontairement sont un crime lorsqu'elles ont occasionné la mort ou une incapacité de travail de plus de vingt jours, et un délit si elles n'ont pas entraîné une incapacité de travail pendant le temps fixé ci-dessus.

La préméditation et le guet-apens sont des circonstances aggravantes.

Secours aux blessés. — Lorsqu'une personne est trouvée blessée sur la voie publique, il faut la relever avec précaution et la conduire ou la faire transporter chez le pharmacien le plus voisin.

Il importe de se rappeler qu'un nombre trop grand de personnes autour des individus blessés ou autres qui ont besoin de secours, est toujours nuisible.

Bohémiens. — Les maires peuvent interdire le stationnement sur la voie publique ou sur les terrains communaux des voitures servant au logement des bohémiens et autres individus nomades sans profession avouée.

Les agents doivent les surveiller d'une façon active et ne pas hésiter, s'ils relevaient quelque délit à leur charge, à les conduire au commissariat de police.

Boissons falsifiées. — La vente ou le débit de boissons falsifiées, quand ces falsifications ne contiennent aucune substance nuisible à la santé, est une contravention prévue et punie par l'article 475 du Code pénal.

Quand les falsifications sont faites au moyen de mixtions nuisibles à la santé, c'est un délit passible de peines correctionnelles.

Dans les deux cas, les boissons doivent être saisies et répandues.

Boissons vendues sans autorisation. — L'ouverture d'un café, cabaret ou débit de boissons à consommer sur place, sans autorisation, est un délit prévu et puni par le décret du 29 décembre 1851.

Bornes. — Quiconque déplace ou supprime des bornes limitant des propriétés, dans l'intention de nuire ou porter dommage à autrui, commet un délit prévu et puni par l'article 456 du Code pénal.

Boucherie. — Les agents doivent faire exécuter les règlements de police concernant la boucherie et faire rapports des contraventions qu'ils constatent (Code pénal, art. 471 n° 15).

Boulangerie. — Même observation que ci-dessus.

Braconnage. — On comprend sous la dénomination de braconniers, non-seulement tous les individus qui chassent furtivement avec un fusil, mais encore tous les tendeurs de lacs, lacets, traîneaux, rets, collets, filets, bourses et tous engins destinés à prendre le gibier.

V. *Chasse.*

Bris de meubles. — Le fait de causer volontairement du dommage aux propriétés mobilières d'autrui est une contravention prévue par l'article 479 du Code pénal.

Bris de prison. — Délit prévu et puni par l'article 245 du Code pénal.

Bris de scellés. — Délit prévu et puni par les articles 249, 250, 251, 252 et 256 du Code pénal.

Brocanteurs. — Doivent être surveillés très activement car, la plupart d'entre eux, sont des réceleurs.

Bruits et tapages. — Les bruits et tapages nocturnes ou injurieux sont une contravention prévue et punie par l'article 479 n° 8 du Code pénal ; mais il est essentiel, pour que cet article soit applicable, que la tranquillité des habitants ait été troublée.

Bureaux de placement. — L'autorité municipale seule peut autoriser l'ouverture d'un bureau de placement.

L'ouverture d'un bureau de placement sans autorisation est passible des peines édictées par l'article 4 du décret du 25 mars 1852.

C

Cabarets, cafés. — V. *Boissons.* Des arrêtés préfectoraux ou municipaux règlementent, dans chaque localité, la police de ces établissements. Les agents les feront observer et constateront les contraventions.

Cadavre (Levée de). — Toutes les fois qu'un

cadavre a été trouvé, en qnelquc endroit que ce soit, il y a lieu d'informer le commissaire de police, qui procède à la levée du corps.

Le recel d'un cadavre, d'une personne homicidée, ou morte des suites de coups ou blessures, est un délit prévu et puni par l'article 359 du Code pénal.

Cafés concerts. — Les agents de service doivent veiller à ce que le programme visé par le commissaire de police soit suivi en tout points. Ils n'ont aucune qualité pour permettre un changement, quelque peu important qu'il soit.

Ils signaleront dans leur rapport tout artiste qui se permettrait des signes ou des gestes contraires aux bonnes mœurs.

Calomnie. — Ce délit est prévu et puni par les articles 13, 16 et 18 de la loi du 17 mai 1819.

Canaux. — V. *Cours d'eau.*

Cannes. — V. *Armes prohibées.*

Capture d'un prévenu, accusé ou condamné (Droit pour). — Lorsque les agents ou gardes champêtres, porteurs de mandements de justice, arrêteront, hors la présence des huissiers, les prévenus, accusés ou condamnés, le droit de capture leur sera dévolu. V. *Formulaire. p.,* 22 et 23.

Aux termes de l'article 6 du décret du 7 avril 1813, le droit est fixé de la manière suivante :

1° Pour capture ou saisie de la personne en exécution d'un jugement de simple police, sans qu'il puisse être alloué aucun droit de perquisition :

A Paris.............................. 5 fr.

Dans les villes de 40,000 âmes et au-dessus..................... 4

Dans les autres villes et communes.. 3

2° Pour capture en exécution d'un mandat d'arrêt ou d'un jugement ou arrêt en matière correctionnelle emportant peine d'emprisonnement :

A Paris...................... 18 fr.

Dans les villes de 40,000 âmes et
au-dessus................... 15

Dans les autres villes et communes 12

3° Pour capture en exécution d'une ordonnance
de prise de corps ou arrêt portant la peine de réclusion :

A Paris...................... 21 fr.

Dans les villes de 40,000 âmes et
au-dessus................... 18

Dans les autres villes et communes.. 15

4° Pour capture en exécution d'un arrêt de condamnation aux travaux forcés ou à une peine plus
forte :

A Paris...................... 30 fr.

Dans les autres villes de 40,000 âmes
et au-dessus................. 26

Dans les autres villes et communes.. 20

Carnaval. — V. *Masques, travestissements.*

Carreaux de vitres. — Ceux qui, involontai-
rement, mais par mauvaise direction de chevaux ou
de voitures, ou par inobservation des règlements de
police, brisent des carreaux de vitres, commettent une contravention prévue et punie par l'article
475 n° 4 du Code pénal.

Carrières. — Le fait d'ouvrir une carrière à
ciel ouvert, sans prendre les précautions exigées par
la loi du 27 janvier 1779, c'est-à-dire sans qu'il soit
placé des garde-fous et des étais pour prévenir les
accidents et les éboulements, et celui d'ouvrir des
carrières par galeries souterraines sans autorisation
de l'administration, constituent des contraventions de
voirie et de police, qui peuvent être constatées par
les gardes champêtres.

Aucune carrière ne peut être établie à une distance moindre de soixante mètres des routes et des chemins (Loi du 21 avril 1810).

Cartes à jouer. — La fabrication des cartes à jouer et leur vente, sans une autorisation expresse de la régie, est prohibée par la loi du 28 avril 1816, article 166 : il en est de même de leur colportage sur la voie publique.

Les agents et gardes champêtres doivent arrêter les délinquants et saisir les cartes.

Une prime leur est due par l'administration des contributions indirectes.

Cartes (Tireurs de). — L'art de tirer les cartes, de pronostiquer ou d'interpréter les songes, constitue une contravention à l'article 479 n° 7 du Code pénal.

Castration. — La castration est un crime que l'article 316 du Code pénal punit de la peine de mort.

Mais quand elle a été provoquée par un outrage violent à la pudeur, elle est regardée comme meurtre et blessures excusables.

Certificats. — Les agents n'ont pas qualité pour délivrer des certificats.

Chanteurs ambulants. — Les chanteurs ambulants ne peuvent exercer sur la voie publique sans une autorisation écrite du maire ou du commissaire de police.

Tout chanteur ambulant qui vend ou distribue des chansons sans indication de nom d'auteur ou d'imprimeur, ou dont les imprimés ne sont pas revêtus de l'estampille bleue d'une préfecture, commet une infraction à la loi du 27 juillet 1849, et se rend passible des peines portées par l'article 283 du Code pénal.

Si les imprimés non autorisés contiennent quelque chose de contraire aux mœurs, à l'ordre public, c'est l'article 287 qui est applicable.

Dans ces deux cas la saisie des objets délictueux doit être opérée par les agents ou gardes champêtres.

Charcutiers. — Les agents doivent tenir la main aux arrêtés municipaux qui règlementent l'exercice de la charcuterie. Les contraventions sont punies par l'article 471 du Code pénal.

Charivaris. — V. *Bruits* et *tapages*.

Charlatans. — Tout individu qui s'établit dans un lieu public pour y vendre des drogues ou des remèdes, pour arracher les dents et faire toutes autres opérations doit être muni de l'autorisation du maire ou du commissaire de police. S'il y a un règlement municipal sur la matière, c'est l'article 471 n° 15 du Code pénal qui est applicable ; dans le cas contraire on peut appliquer l'article 471 n° 4.

Charretiers ou Voituriers. — Les agents doivent constater les accidents causés par la mauvaise direction que les charretiers donnent à leur attelage dans les rues de la ville ;

Lorsqu'ils dorment ou sont en état d'ivresse **sur** leur voiture en marche.

Ces contraventions sont prévues et punies par l'article 475 n° 3 et 4 du Code pénal.

Charrues (Coutre de). — Le fait d'avoir laissé dans les rues, sur les places, dans les lieux publics, ou dans les champs, des charrues munies de leur coutre, ou des barres, machines et autres instruments ou armes dont pourraient abuser les voleurs ou malfaiteurs, est une contravention prévue et punie par l'article 471 n° 7 du Code pénal

Les objets abandonnés doivent être mis en fourrière.

Les agents de police et les gardes champêtres ont qualité pour constater les contraventions susdites.

Chasse.

Art. 1er Nul ne pourra chasser, sauf les exceptions ci-après, si la chasse n'est pas ouverte et s'il ne lui a pas été délivré un permis de chasse par l'autorité compétente. Nul n'aura le droit de chasser sur la propriété d'autrui sans le consentement du propriétaire ou de ses ayants droit.

Art. 2. Le propriétaire ou possesseur peut chasser ou faire chasser en tout temps, sans permis de chasse, dans ses possessions attenant à une habitation et entourée d'une clôture continue faisant obstacle à toute communication avec les héritages voisins.

Art. 4. Dans chaque département, il est interdit de mettre en vente, de vendre, d'acheter, de transporter et de colporter du gibier pendant le temps où la chasse n'y est pas permise.

En cas d'infraction à cette disposition, le gibier sera saisi et immédiatement livré à l'établissement de bienfaisance le plus voisin, en vertu soit d'une ordonnance du juge de paix, si la saisie a eu lieu au chef-lieu de canton, soit d'une autorisation du maire, si le juge de paix est absent ou si la saisie a été faite dans une commune autre que celle du chef-lieu. Cette ordonnance ou cette autorisation sera délivrée sur la requête des agents ou gardes qui auront opéré la saisie et sur la présentation du procès-verbal régulièrement dressé.

La recherche du gibier ne pourra être faite à domicile que chez les aubergistes, chez les marchands de comestibles, et dans les lieux ouverts au public.

Il est interdit de prendre ou de détruire, sur le terrain d'autrui, des œufs et des couvées de faisans, de perdrix et de cailles.

Art. 5. Les permis de chasse seront personnels ; ils seront valables pour tout le royaume et pour un an seulement.

Art. 7. Le permis de chasse ne sera pas délivré :

4° Aux gardes champêtres ou forestiers des communes et établissements publics, ainsi qu'aux gardes forestiers de l'Etat et aux gardes pêche.

Art. 9. Dans le temps où la chasse est ouverte, le permis donne, à celui qui l'a obtenu, le droit de chasse le jour, soit à tir, soit à courre, sur ses propres terres et sur les terres d'autrui avec le consentement de celui à qui le droit de chasser appartient.

Tous autres moyens de chasse, à l'exception des furets et bourses destinées à prendre le lapin, sont formellement prohibés.

Art. 11. Seront punis d'une amende de 16 à 100 francs :

4° Ceux qui auront chassé sans permis de chasse ;

2° Ceux qui auront chassé sur le terrain d'autrui sans le consentement du propriétaire.

L'amende pourra être portée au double si le délit a été commis sur des terres non dépouillées de leurs fruits, ou s'il a été commis sur un terrain entouré d'une clôture continue, faisant obstacle à toute communication avec les héritages voisins, mais non attenant à une habitation.

Pourra ne pas être considéré comme délit de chasse le fait du passage des chiens courants sur l'héritage d'autrui, lorsque ces chiens seront à la suite d'un gibier lancé sur la propriété de leurs maîtres, sauf l'action civile, s'il y a lieu, en cas de dommage ;

3° Ceux qui auront contrevenu aux arrêtés des préfets concernant les oiseaux de passage, le gibier d'eau. la chasse en temps de neige, l'emploi des chiens lévriers, ou aux arrêtés concernant la destruction des oiseaux ou celle des animaux nuisibles ou malfaisants ;

4° Ceux qui auront pris ou détruit sur le terrain d'autrui, des œufs ou couvées de faisans, de perdrix ou de cailles ;

5° Les fermiers de la chasse, soit dans les bois soumis au régime forestier, soit sur les propriétés dont la chasse est louée au profit des communes ou établissements publics, qui auront contrevenu aux clauses et conditions de leurs cahiers des charges relatifs à la chasse.

Art. 12. Seront punis d'une amende de 50 à 200 francs, et pourront en outre l'être d'un emprisonnement de six jours à deux mois :

1° Ceux qui auront chassé en temps prohibé;

2° Ceux qui auront chassé pendant la nuit, ou à l'aide d'engins ou instruments prohibés, ou par d'autres moyens que ceux qui sont autorisés par l'article 9 ;

3° Ceux qui seront détenteurs ou ceux qui seront trouvés munis ou porteurs, hors de leur domicile, de filets, engins ou autres instruments de chasse prohibés ;

4° Ceux qui, en temps où la chasse est prohibée. auront mis en vente, vendu, acheté, transporté ou colporté du gibier ;

5° Ceux qui auront employé des drogues ou appâts qui sont de nature à enivrer le gibier ou à le détruire ;

6° Ceux qui auront chassé avec appeaux, appelants ou chanterelles.

Les peines déterminées par le présent article pourront être portées au double contre ceux qui auront chassé pendant la nuit, sur le terrain d'autrui, et par l'un des moyens spécifiés au paragraphe 2, si les chasseurs étaient munis d'une arme apparente ou cachée.

Art. 13. Celui qui aura chassé sur le terrain d'autrui sans son consentement, si ce terrain est attenant à une maison habitée ou servant à l'habitation, et s'il est entouré d'une clôture continue faisant obstacle à toute communication avec les héritages voisins, sera puni d'une amende de 50 à 300 francs, et pourra l'être d'un emprisonnement de six jours à trois mois.

Si le délit a été commis pendant la nuit, le délinquant sera puni d'une amende de 100 a 1.000 francs, et pourra l'être d'un emprisonnement de trois mois à deux ans, sans préjudice, dans l'un et l'autre cas, s'il y a lieu, de plus fortes peines prononcées par le Code pénal.

Art. 14. Les peines déterminées par les trois articles qui précèdent pourront être portées au double si le délinquant était en état de récidive. s'il était déguisé ou masqué, s'il a pris un faux nom, s'il a usé de violences envers des personnes, ou s'il a fait des menaces, sans préjudice, s'il a lieu, de plus fortes peines prononcées par la loi.

Art. 16. Tout jugement de condamnation prononcera la confiscation des filets, engins et autres instruments de chasse.

Il ordonnera, en outre, la destruction des instruments de chasse prohibés.

Il prononcera également la confiscation des armes excepté dans le cas où le délit aura été commis par un individu muni d'un permis ds chasse, dans le temps où la chasse est autorisée.

Les armes, filets, engins ou autres instruments de chasse abandonnés par les délinquants restés inconnus seront saisis et déposés au greffe du tribunal compétent. La confiscation et, s'il y a lieu, la destruction, en seront ordonnées sur le vu du procès-verbal.

Art. 21. Les délits prévus par la présente loi seront prouvés, soit par procès-verbaux ou rapports, soit par témoins, à défaut de rapports et procès-verbaux ou à leur appui.

Art. 22. Les procès-verbaux des maires et adjoints, commissaires de police, officiers, maréchaux-des-logis ou brigadiers de gendarmerie, gendarmes ou gardes forestiers, gardes pêche, gardes champêtres ou gardes assermentés des particuliers, feront foi jusqu'à preuve contraire.

Art. 24. Dans les vingt-quatre heures du délit, les procès-verbaux des gardes seront, à peine de nullité, affirmés par les rédacteurs devant le juge de paix ou l'un de ses suppléants, ou devant le maire et l'adjoint, soit de la commune de leur résidence, soit de celle où le délit aura été commis.

Art. 25. Les délinquants ne peuvent être saisis ni désarmés ; néanmoins, s'ils sont déguisés ou masqués, s'ils refusent de faire connaître leurs noms, ou s'il n'ont pas de domicile connu, ils seront conduits immédiatement devant le juge de paix, lequel s'assurera de leur individualité.

Art. 27. Ceux qui auront commis conjointement les délits de chasse seront condamnés solidairement aux amendes, dommages-intérêts et frais.

Art. 28. Le père, la mère, le tuteur, les maîtres et commettants sont civilement responsables des délits de chasse commis par leurs enfants mineurs, non mariés, pupilles demeurant avec eux, domestiques ou préposés, sauf tout recours de droit. — *Loi du 3 mai 1844.*

Gratification accordée aux gardes champêtres. — L'ordonnance royale du 5 mai 1845 fixe la gratification accordée aux gardes champêtres qui constateront des infractions à la loi du 3 mai 1844, sur la police de la chasse, ainsi qu'il suit : huit francs pour les délits prévus par l'article 11 ; quinze francs pour les délits prévus par les articles 12 et 13 n° 1 ; vingt-cinq francs pour les délits prévus par l'article 13 n° 2.

La gratification est due pour chaque amende prononcée ; elle sera acquittée par les receveurs de l'enregistrement.

Il ne pourra être alloné qu'une seule gratification. lors même que plusieurs agents auraient concouru à la rédaction du procès-verbal.

Chemins de fer. — Dans les gares où il n'existe pas de commissaire spécial de police, des agents pèuvent être envoyés pour surveiller l'admission du public dans les gares et sur les quais des chemins de fer.

Chemins publics. — L'anticipation sur un chemin vicinal, soit en pratiquant ou en relevant un fossé qui le borde, ou par tout autre ouvrage, est une contravention à l'article 479 n° 11 du Code pénal.

L'enlèvement, sans autorisation, de sable, de gazon, de terre ou de pierre, dans les chemins vicinaux ou communaux, est aussi une contravention.

Chevaux et autres animaux domestiques. — La loi du 2 juillet 1850 a compris sous la dénomination d'animaux domestiques, tous ceux qui sont élevés par l'homme et vivent autour de lui pour son usage ou autrement, tels que les chevaux, les ânes, les mulets, les bœufs, les vaches, veaux, chèvres, moutons, porcs, chiens, chats, lapins et volailles de basses-cour.

Ceux qui maltraitent lesdits animaux commettent une contravention à la loi susdite.

Chèvres. — Dans les lieux où les chèvres ne sont pas réunies en troupeaux, elles ne peuvent être conduites au pâturage qu'attachées (loi du 6 octobre 1791).

La contravention est la même si une chèvre est conduite sur l'héritage d'autrui pour y pâturer, sans le consentement du propriétaire.

Chiens. — Ceux qui laissent vaguer leurs chiens sans être muselés, ceux qui ne les retiennent pas lorsqu'ils attaquent les passants, lors même que ces animaux n'ont occasionné aucun accident, commettent une contravention à l'article 475 n° 7.

Clés. — La contrefaçon, l'altération ou la fabrication de fausses clés est un délit prévu et puni par les articles 398 et 399 du Code pénal.

Sont qualifiées fausses clés, tous crochets, rossignols, passe-partout, clés imitées, contrefaites, altérées, ou qui n'ont pas été destinées par les propriétaires, locataires, aubergistes ou logeurs aux serrures, cadenas ou autres fermetures quelconques, auxquelles le coupable les aura employées.

Clôtures. — L'héritage sera réputé clos lorsqu'il sera entouré d'un mur de quatre pieds de hauteur, avec barrière ou porte, ou lorsqu'il sera exactement fermé et entouré de palissades ou de treillages, ou d'une haie vive ou d'une haie sèche, faite avec des pieux ou cordelée avec des branches, ou de toute autre manière de faire les haies en usage dans chaque localité, ou enfin d'un fossé de quatre pieds de large au moins à l'ouverture et de deux pieds de profondeur (Code rural, art. 6, tit. 1er).

Les parcs mobiles destinés à contenir du bétail dans la campagne, de quelque nature qu'ils soient faits, sont réputés enclos ; et lorsqu'ils tiennent aux cabanes mobiles ou autres abris destinés aux gardiens ils sont réputés dépendants de maisons habitées.

Clôtures (Bris de). — Quiconque a, en tout ou en partie, détruit des clôtures, de quelques matériaux qu'elles soient faites, arraché ou coupé des haies vives ou sèches, se rend coupable d'un délit prévu et puni par l'article 456 du Code pénal.

Clubs. — On donne le nom de clubs aux réunions publiques et secrètes de citoyens. Les agents doivent informer les commissaires de police lorsqu'ils découvrent des clubs non autorisés.

Coalition. — Toute coalition entre ouvriers pour faire cesser le travail, pour l'interdire dans un atelier, pour suspendre, empêcher ou enchérir les travaux, est un délit prévu et puni par les articles 414, 415 et 416 du Code pénal, modifiés par la loi du 25 mai 1864.

Lesdits articles sont applicables aux propriétaires et fermiers, ainsi qu'aux moissonneurs, domestiques et ouvriers de la campagne.

Colporteurs. — On comprend sous la dénomination de colporteurs les individus qui se livrent à la vente des imprimés de toute nature, tels que les livres, les cartes géographiques et les images de toutes sortes.

La loi du 16 juillet 1849 a règlementé cette industrie. Tout colporteur doit être muni d'une autorisation personnelle, délivrée par le préfet du département qu'il parcourt, et ses volumes, imprimés et images de toute nature, qui composent sa balle, doivent être revêtus du timbre bleu du colportage de la préfecture.

Le défaut d'autorisation est un délit, le défaut d'estampille une contravention.

Dans ces deux cas les agents saisissent les marchandises délictueuses et conduisent le délinquant devant le commissaire de police. — V. *Formulaire p. 2.*

Comestibles. — Tout individu qui met en vente, les sachant falsifiés, des comestibles gâtés, corrompus ou nuisibles, commet un délit prévu par la loi du 27 mars 1851.

Les comestibles doivent être saisis et détruits.

Conduits d'évier. — Une ordonnance royale du 24 décembre 1823 a fixé à un décimètre au-dessus de la voie publique la hauteur à laquelle doivent déboucher les conduits d'évier, d'eaux des toits et des eaux ménagères.

Constructions. — V. *Alignements.*

Contraventions. — L'infraction que les lois punissent des peines de police est une *contravention.*

Trois classes de contraventions sont réprimées par des peines de simple police : 1º les contraventions prévues par des lois et règlements anciens, maintenus par l'article 484 du Code pénal et n'édictant que des peines rentrant ou devant rentrer dans les limites de la compétence des tribunaux de police ; 2º les contraventions prévues et punies par le livre IV du Code pénal ; 3º les contraventions aux règlements de police administrative ou de police municipale légalement faits et publiés.

Contraventions permanentes ou fugitives.

On distingue, dans la pratique, les contraventions permanentes des contraventions fugitives ; les premières, telles que les saillies fixes, non autorisées, l'ouverture illégale de certains établissements, le mauvais état de bâtiments, intéressent plutôt l'administration que la société ; les secondes sont appelées fugitives, mobiles ou nomades, soit parce qu'elles peuvent disparaître bientôt, soit parce qu'elles sont commises sur la voie publique, soit enfin parce que, étant d'intérêt général, leur cessation devient urgente.

Les contraventions permanentes sont l'objet seulement de rapports administratifs afin de provoquer des vérifications ou des sommations régulières.

Quant aux contraventions fugitives, les agents les constatent par des rapports destinés à l'autorité judiciaire ; mais, en même temps qu'ils n'ont aucun droit de tolérance pour tel ou tel contrevenant, ils ont un devoir facile et doux à remplir ; c'est de joindre à chaque rapport une note indicative des causes d'atténuation afin que l'administration puisse les apprécier et user d'indulgence. Ils doivent même se pénétrer avec intelligence du plus ou moins d'opportunité de la constatation ; ainsi, dans le cas où il y aurait probabilité de résistance sérieuse, de scandale sur la voie publique, d'insuffisance de force, ils s'abstiendront, pour éviter de donner à un fait habituellement d'une minime importance des proportions compromettantes pour eux-mêmes ou pour l'administration qu'ils représentent. Ce serait aussi un zèle mal entendu de songer à produire plutôt un grand nombre de rapports de contraventions plus ou moins raisonnées, qu'un certain nombre réduit aux infractions dont la recherche est essentielle ; que leurs actes ne sentent ni la vexation, ni l'arbitraire, mais bien la nécessité d'une répression toute d'intérêt général. Il ne faut jamais donner aux prévenus des certificats ou des notes relatives aux contraventions constatées, puisque l'on peut être appelé comme témoin pour compléter ou rectifier le premier rapport.

Causes d'indulgence.

Les principaux motifs d'indulgence à signaler par une note sont : 1° l'âge avancé ou le très jeune âge du contrevenant ; 2° sa position précaire ; 3° la bonne foi avec

laquelle il a pu commettre une infraction ; 4° les circonstances de force majeure auxquelles il a cédé ; 5° les
regrets qu'il a exprimés ; 6° ses habitudes d'exécuter
les prescriptions de l'autorité.

Causes aggravantes.

Les causes aggravantes à signaler sont : 1° les avertissements officieux que le contrevenant a pu recevoir :
ainsi, en ce qui concerne les étalages mobiles, les embarras de la voie publique et toutes les contraventions
qui peuvent se produire par la même personne, les
agents répondent aux intentions de l'administration en
prévenant avant de réprimer ; mais aussi, comme ces
avertissements ne sont pas prescrits par la loi, ils ag-
gravent la contravention reproduite ; 2° les propos in-
convenants de l'inculpé ; 3° les fausses indications qu'il
a fournies ; 4° la date des précédents rapports qui l'ont
signalé ; 5° son état d'ivresse ou de vagabondage ; 6° l'in-
validation d'un dommage causé.

Cessation des contraventions. |

Les agents ont le droit incontestable de faire cesser
autant que possible toute contravention ; pourtant ils
doivent agir avec mesure dans beaucoup de cas. Par
exemple : qu'une voiture soit surchargée au-delà des
ridelles, c'est une contravention à constater, et s'il n'y
a pas danger sérieux de voir tomber les matériaux, il
faudra se garder d'exiger le déchargement ; si, au contraire, les matériaux tombent sans qu'on puisse l'empêcher, il y aurait négligence de la part de l'agent qui
laisserait continuer la circulation avant cessation de la
contravention.

Avis à donner au prévenu.

La loi n'impose aucune obligation de faire connaître
à la partie intéressée que l'on constate une contravention ; mais c'est seulement dans le cas d'impossibilité
que cette précaution peut être négligée ; il suffit
d'ailleurs de dénoncer le fait, soit au contrevenant, soit

à une personne qui le représente, mais il convient de mentionner au rapport comment on a procédé à cet égard.

Il faut surtout, dans l'intérêt de sa propre dignité, se garder de promettre une indulgence qu'on n'a ni le pouvoir, ni la volonté de pratiquer ; semblable promesse non réalisée serait qualifiée déloyale.

Nombre d'agents constatant.

Un agent peut seul constater la contravention, puisqu'il procède à titre de témoin et que la justice pèse la valeur plutôt que la quantité des témoignages ; mais tous ceux qui ont vu le fait sont appelés à le constater par leur signature au rapport.

Localités pour la compétence.

Les agents peuvent constater les contraventions partout où ils se trouvent, et toujours à titre de renseignements ou de dénonciation ; mais pour que la contravention soit du ressort du tribunal de police, il faut qu'elle ait été commise sur le territoire même de la ville ou de la commune.

Transmission des rapports.

Les rapports de contravention doivent être transmis dans les vingt-quatre heures. Ce sont des actes de peu d'étendue, faciles à rédiger, non soumis, comme le sont les procès-verbaux, au timbre ni à l'enregistrement (*V. Enregistrement*), ni même à une affirmation spéciale ; et leur transmission immédiate importe à l'efficacité de la poursuite.

Civilement responsable.

Le civilement responsable est celui qui devait empêcher la contravention commise par ses enfants ou ses préposés ; ce sont les père, mère ou tuteur, ou instituteur pour les mineurs ; les maîtres pour les ouvriers, apprentis ou salariés dans les actes de leur service, notamment les propriétaires de voitures pour les conducteurs (Truy, *Manuel*).

Formes des rapports.

Ils indiquent, en toutes lettres, la date, l'heure, le lieu de la contravention; les noms des rédacteurs et la brigade à laquelle ils appartiennent ; les nom, prénoms, âge, profession et domicile du contrevenant, et s'il y a lieu, du civilement responsable; la nature de la contravention et l'ordonnance qui l'a prévue ; il ne faut pas les faire collectifs, à moins qu'il s'agisse du même fait commis au même lieu par plusieurs individus ; éviter les grattages et surcharges qu'on peut remplacer par des renvois ou par l'approbation des mots rayés.

Le modèle de rapport ci-après est usité dans les commissariats importants ; nous croyons que ce modèle devrait être adopté dans toutes les villes, afin de donner au service de la police le caractère d'unité qui lui fait défaut.

La gendarmerie ne fait pas un acte, une constatation, sans en dresser procès-verbal. Il devrait en être ainsi dans la police. Quoique les rapports ne fassent pas foi en justice jusqu'à preuve contraire, ils ont autant de valeur que les procès-verbaux des gendarmes ; car, en admettant que le tribunal ne veuille point tenir pour exacts les faits exposés au rapport de l'agent, il restera toujours au ministère public le droit de faire citer ce dernier et d'offrir au juge un témoignage aussi puissant et aussi irrécusable que le procès-verbal d'un agent assermenté.

L'article 154 du Code d'instruction criminelle ne fait pas de différence pour faire la preuve des contraventions. Il admet les procès-verbaux, les rapports, et, à défaut de rapports et procès-verbaux, les témoins.

Il ne saurait donc y avoir qu'une question de forme dans la valeur des actes faits par un agent de police et ceux faits par un agent assermenté,

Modèle de Rapport de Contravention.

VILLE
de ....
 	
—
 	
RAPPORT
constatant
 	
(nature de
la contravention)
 	
....
 	
....
 	
—
 	
(Nom, prénoms,
âge, profession,
et adresse de ou
des prévenus.)
 	
—
 	
(Nom, prénoms,
profession,
et adresse de ou
des civilement
responsables.)
 	
TÉMOINS
 	
(Nom, prénoms,
profession,
et adresse de ou
des témoins.)
	POLICE MUNICIPALE
	—
	
	    L'an mil huit cent.................
	et le ....
	    Nous............. agent de police
	de la ville d......................
	    Rapportons que ce jourd'hui passant
	à.......heure (*matin ou soir*) dans
	la rue............... avons constaté
	que (*décrire la nature et les circons-
	tances de la contravention*)
	
	    Attendu que ce fait constitue une in-
	fraction à l'article (*du Code pénal ou
	d'un arrêté municipal en date du* ......
	.... nous avons déclaré
	au sieur..........................
	que nous rédigions contre..........le
	présent rapport à telle fin que de droit.
	
	       Signature,

Cor de chasse. — V. *Bruits et tapages nocturnes*.

Costume (illégalement porté). — Toute personne qui porte publiquement un costume, un uniforme ou une décoration qui ne lui appartient pas, commet un délit puni par l'article 259 du Code pénal, modifié par la loi du 28 mai 1858.

Cours d'eau. — Il ne peut être fait sur les cours d'eau aucune entreprise ayant pour but d'en changer le cours naturel, d'élever les eaux au-dessus du niveau habituel, d'inonder la propriété des riverains, etc.

Les gardes champêtres sont aptes à constater les contraventions qui tombent sous le coup de l'article 471 n° 15 du Code pénal.

Coutre de charrue. — V. *Abandon*.

Couvertures en chanvre, paille ou roseaux.— Des arrêtés du préfet ou du maire peuvent interdire la couverture des habitations, des hangards, etc.; les contraventions peuvent être constatées par les agents et les gardes indistinctement.

Crieurs publics. — La loi du 10 décembre 1830 réglemente l'exercice de la profession de crieur public.

Pour être crieur public, il suffit d'en avoir fait la déclaration à l'autorité municipale et avoir indiqué son domicile.

Les journaux, feuilles quotidiennes ou périodiques ne peuvent être annoncés dans les rues, places et autres lieux publics autrement que par leur titre, sous peine d'une amende de 25 à 200 fr. et d'un emprisonnement de six jours à un mois. — V. *Formulaire* page 3.

Crimes. —La loi qualifie crimes les infractions qui sont punies des peines ci-après : 1o la mort ; 2o les travaux forcés ; 3° la déportation ; 4° les travaux forcés à temps ; 5° la détention ; 6° la réclusion ; 7° le bannissement ; 8° la dégradation civique.

En cas de flagrant délit ou de clameur publique, l'auteur présumé d'un crime doit toujours être arrêté.

Cris séditieux. — On entend généralement par cris séditieux des cris qui sont de nature, en rappelant ou glorifiant un régime déchu, à troubler l'ordre public.

Il faut beaucoup de prudence pour la constatation de ce genre de délit, et nous ne saurions trop engager les agents à agir avec la plus grande circonspection. — V. *Formulaire*, p. 4.

Cultes. — L'outrage fait par paroles, ou par gestes, aux objets d'un culte, ou aux ministres d'un culte dans l'exercice de leurs fonctions, est un délit prévu et puni par l'article 262 du Code pénal.

L'article 261 prononce la même peine contre ceux qui ont troublé les exercices d'un culte autorisé, par des désordres causés dans le lieu où ce culte se célèbre.

L'article 263 punit de la dégradation civique quiconque a frappé un ministre d'un culte autorisé dans l'exercice de ses fonctions.

Tout empêchement causé aux particuliers dans l'exercice de leur culte est également un délit prévu par l'article 260 du Code pénal.

Curage des cours d'eau ou des fossés. — Si un arrêté ou un règlement de l'autorité municipale a prescrit le curage d'un cours d'eau, l'infraction aux prescriptions de cet arrêté est une contravention punie par l'article 471 n° 15 du Code pénal.

Elle doit être constatée par les gardes champêtres, et par les agents, si les cours d'eau ou fossés traversent la ville.

D

Danses. — Tout individu qui, dans un bal ou dans un lieu public, se livre à une danse ou à des pas indécents, commet le délit d'outrage public à la pudeur prévu et puni par l'article 350 du Code pénal.

Débauche (Excitation à la). — Les individus qui excitent, favorisent ou facilitent habituellement la corruption et la débauche des mineurs de l'un ou de l'autre sexe commettent le délit d'attentat aux mœurs prévu et puni par l'article 334 du Code pénal. — V. *Formulaire*, page 5.

Débits de boissons. — V. *Boissons vendues sans autorisation. Cabarets, cafés.*

Décorations. — V. *Costumes.*

Dégradations. — Les dégradations aux maisons et aux bâtiments des particuliers, par suite desquelles arrivent des accidents, sont des contraventions prévues et punies par l'article 479 no 4 du Code pénal.

Les dégradations commises aux monuments, aux statues et autres objets destinés à l'utilité publique sont des délits prévus et punis par l'article 257 du Code pénal.

Délit. — Le délit est une infraction à la loi, moins grave que le crime, mais plus grave que la contravention.

La répression des délits appartient aux tribunaux de police correctionnelle.

Déménagement furtif. — Ne peut être constaté que par le commissaire de police lorsque le locataire a emporté les clés.

Dénonciation. — Les agents n'ont pas qualité pour recevoir une dénonciation : ils doivent conduire le dénonciateur devant le commissaire de police.

Denrées. — V. *Comestibles.*

Dentistes. — Peuvent exercer sans diplôme; mais doivent être munis de papiers réguliers et de la permission de l'autorité locale.

Les agents et gardes champêtres s'assureront qu'ils possèdent cette permission.

Députés. — On ne peut arrêter un député que lorsqu'il s'agit d'un crime et dans le cas de flagrant délit.

Dessins. — La vente de dessins, d'images, d'estampes ou de gravures contraires aux mœurs publiques est un délit prévu et puni par l'article 287 du Code pénal.

La saisie des objets délictueux doit être opérée.

Destruction. — La destruction d'édifices, de ponts, de chaussées et de construction appartenant à autrui est un crime prévu et puni par l'article 437 du Code pénal.

La destruction et la dévastation des récoltes sur pied ou des plants venus naturellement ou faits de main d'homme, est un délit prévu et puni par l'article 444 du Code pénal.

La destruction d'arbres ou de greffes appartenant à autrui, plantés sur les places, routes, rues ou voie publique, vicinale et de traverse, est un délit prévu et puni par les articles 445 à 448.

Devins. — Le fait de dire la bonne aventure, de pronostiquer ou d'expliquer les songes est une contravention prévue et punie par l'article 471 nº 7 du Code pénal.

Diligence. — V. *Roulage.*

Disputes. — V. *Rixes, Violences, voies de fait.*

Distribution d'écrits. — V. *Colportage, Crieurs publics.*

Domicile. — La violation du domicile d'un citoyen par des magistrats ou des fonctionnaires quelconques est un abus de pouvoirs puni par l'article 184 du Code pénal.

Dommages. — Tout individu qui cause à autrui un dommage est obligé de le réparer (Code civil, art. 1382, 83, 84, 85 et 86).

Duel. — Le duel est interdit en France.

Dès qu'un agent apprend qu'un duel doit avoir lieu, il en informe immédiatement le commissaire de police.

E

Eaux. — Le fait d'avoir répandu sur la voie publique des eaux infectes ou insalubres est une contravention prévue par l'article 471 n° 6 du Code pénal.

Echelles. — L'article 471 n° 7 punit ceux qui abandonnent des échelles sur la voie publique pendant la nuit.

Echenillage. — Le défaut d'échenillage des haies ou des arbres, lorsque ce soin a été prescrit par des règlements municipaux, est une contravention prévue et punie par l'article 471 n° 8 du Code pénal que les gardes champêtres doivent constater.

Eclairage. — Le défaut d'éclairage des matériaux et de tous autres objets laissés, la nuit, sur la voie publique, ainsi que des excavations, est une contravention prévue et punie par l'article 471 n° 2 du Code pénal.

Les aubergistes et autres individus qui obligés à l'éclairage, l'auront négligé, commettent une contravention à l'article 471 n° 3 du Code pénal.

Les agents, dans leurs tournées, doivent surveiller

l'exécution du cahier des charges de l'éclairage public. Ils doivent notamment s'assurer si les heures de l'allumage des reverbères ou becs de gaz sont exactement observées ; si l'extinction n'a pas lieu avant l'heure prescrite. Ils doivent prendre les numéros des reverbères qui seraient éteints avant l'henre ou qui ne donneraient pas une clarté suffisante.

Ecole. — Nul ne peut ouvrir une école s'il n'est pourvu d'un brevet de capacité et s'il n'a fait la déclaration prescrite par l'article 27 de la loi du 15 mars 1850.

Ecrou (Registre d'). — Les agents porteurs de mandat d'arrêt, d'ordonnance de prise de corps, d'arrêt ou de jugement de condamnation, sont tenus, avant de remettre au gardien la personne qu'ils conduiront, de faire inscrire sur le registre l'acte dont ils seront porteurs ; l'acte de remise sera écrit devant eux.

Le tout sera signé tant par eux que par le gardien.

Le gardien leur en remettra une copie signée de lui pour leur décharge.

Effractions. — On entend par effraction, tout forcement, rupture, dégradation, démolition, enlèvement de murs, toits, planchers, portes, fenêtres, serrures, cadenas ou autres ustensiles ou instruments servant à fermer ou à empêcher le passage, et de toute espèce de clôtures quelle qu'elle soit.

Elagage. — Lorsqu'un arrêté du maire prescrit l'époque de l'élagage et le recepage des arbres, haies, buissons, situés le long des chemins ruraux, les propriétaires retardataires commettent une contravention punie par l'article 471 nº 15 du Code pénal, contravention qui doit être constatée par les gardes champêtres.

Embarras, décombres. — Quiconque empêche ou diminue la liberté de la voie publique, en y déposant ou laissant sans nécessité des matériaux ou objets quelconques, commet une contravention prévue et punie par l'article 471 n° 4 du Code pénal.

Evasion de détenus. — Les articles 237 à 248 du Code pénal ont rapport aux évasions des diverses catégories de détenus.

L'agent ou le garde champêtre qui a laissé s'évader un individu placé sous sa garde par le commissaire de police ne peut être excusé sous prétexte que l'arrestation n'était pas régulière.

Le décret du 19 septembre 1866 fixe à la somme de 50 fr. la gratification allouée à l'agent qui aura arrêté un condamné qui se serait évadé d'une maison centrale de force et de correction ou d'un pénitencier agricole.

La même gratification est accordée dans le cas où l'évasion aurait eu lieu pendant le transfèrement opéré sous la conduite des agents du service des transports cellulaires.

Emblèmes séditieux. — Seront punis d'un emprisonnement de quinze jours à deux ans .... le port public de tous signes extérieurs de ralliement non autorisés par la loi ou par des règlements de police..... L'exposition dans les lieux ou réunions publics, la distribution ou la mise en vente de tous signes ou symboles propres à propager l'esprit de rebellion ou à troubler la paix publique. — Décret du 11 août 1848.

Empoisonnement. — L'empoisonnement est un crime, lorsqu'il a été exécuté volontairement.

C'est un délit, lorsqu'il est involontaire ; lorsqu'il est le résultat de la négligence, de l'imprudence, de l'inattention ou de l'inobservation des règlements.

Enchères. — V. *Adjudication.*

Enclos. — V. *Clôtures.*

Enfants. — V. *Abandon d'enfant.*

Engins de chasse. — V. *Chasse, Braconnier.*

Engrais. — Ceux qui, en vendant ou mettant en vente des engrais ou amendements, auront trompé ou tenté de tromper l'acheteur, soit sur leur nature, leur composition ou le dosage des éléments qu'ils contiennent, soit sur leur provenance, soit en les désignant sous un nom qui, d'après l'usage, est donné à d'autres substances fertilisantes, commettent un délit prévu et puni par l'article 1er de la loi du 27 juillet 1867.

Il en est de même de ceux qui, sans avoir prévenu l'acheteur, auront vendu ou tenté de vendre des engrais ou amendements qu'ils sauront être falsifiés, altérés ou avariés.

Enregistrement des procès-verbaux. — Les procès-verbaux des gardes champêtres peuvent être visés pour timbre et enregistrés en débet, quelle que soit leur date, sans nullité ; mais les gardes sont sujets à l'amende de 25 fr. prononcée par l'article 34 de la loi du 22 frimaire an VII.

Les gardes champêtres peuvent faire enregistrer leur procès-verbaux au bureau le plus voisin de leur commune, lors même qu'il serait d'un autre arrondissement.

Les procès-verbaux doivent être enregistrés dans les quatre jours qui suivent celui de l'affirmation ou de la clôture du procès-verbal, s'il n'est pas sujet à l'affirmation.

Les procès-verbaux de police et de roulage doivent être enregistrés dans les trois jours de leur date ou de leur affirmation, sous peine de nullité.

Les rapports des agents de police ne sont pas assujettis à la formalité de l'enregistrement.

Enseignes, Ecriteaux. — Les agents doivent faire exécuter l'arrêté municipal relatif aux enseignes et écriteaux et faire rapports des contraventions qu'ils découvriraient.

Les cabaretiers, aubergistes, traiteurs, restaurateurs et tous débitants qui n'ont pas d'enseigne indicative de leur profession ou un bouchon commettent une contravention à l'article 50 de la loi du 28 avril 1816, punie par l'article 471 n° 15 du Code pénal.

Toute brasserie en activité doit porter une enseigne sur laquelle est écrit le mot : *Brasserie*. — Même loi, article 124.

Epaves. — V. *Objets trouvés*.

Epizooties. — On donne le nom d'épizooties aux maladies contagieuses qui attaquent les animaux, principalement les bestiaux.

Ces maladies sont : le *claveau* pour les moutons, la *morve* pour les chevaux, le *charbon* pour les taureaux, bœufs et vaches, et la *peste bovine* ou *typhus contagieux* pour les bêtes à cornes.

Code rural, loi du 28 septembre 1791 :

« Tit. 1er art. 19. — Aussitôt qu'un propriétaire aura un troupeau malade, il sera tenu d'en faire la déclaration à la municipalité ; elle assignera sur le terrain du parcours ou de la vaine pâture, si l'un ou l'autre existe dans la parroise, un espace où le troupeau malade pourra pâturer exclusivement et le chemin qu'il devra suivre pour se rendre au pâturage ; si ce n'est point un pays de parcours ou de vaine pâture, le propriétaire sera tenu de ne point faire sortir de ses héritages son troupeau malade. »

« Tit. II, art. 23. — Un troupeau atteint de maladie contagieuse, qui sera rencontré au pâturage sur les terres de parcours ou de vaine pâture autres que celles qui auront été désignées pour lui seul, pourra être saisi par les gardes champêtres, et même par toute personne ; il sera ensuite mené au lieu du dépôt qui sera indiqué à cet effet par la municipalité. »

Le défaut de déclaration de la part du propriétaire d'un troupeau malade est puni par l'article 459 du Code pénal ; la seconde partie de l'article 19 du Code rural qui précède reste seule en vigueur ; elle a sa sanction dans l'article 23, titre II, du même Code, qui n'a pas non plus cessé d'être en vigueur.

Lorsqu'une épizootie s'est déclarée dans une commune, il appartient au maire de prendre sur le champ un arrêté prescrivant des mesures pour combattre la contagion de la maladie.

Cet arrêté est obligatoire, et procès-verbal doit être dressé par les gardes champêtres contre ceux qui commettraient des infractions.

Equarissage. — On ne peut transporter les animaux morts à l'équarissage que dans des voitures couvertes.

Escalade. — Est qualifiée escalade toute entrée dans les maisons, bâtiments, cours, basses-cours, édifices quelconques, jardins, parcs et enclos, exécutée par-dessus les murs, portes, toitures ou toute autre clôture.

Escroquerie — L'escroquerie est un délit prévu par l'article 405 du Code pénal.

Est réputé escroc : 1° celui qui se fait remettre ou délivrer des objets, meubles, valeurs, obligations, titre de créances, billets, promesses, quittances, décharges, et s'approprie ou tente de s'approprier tout ou partie de la fortune d'autrui en faisant usage de faux noms et de fausses qualités ; 2° celui qui emploie des manœuvres frauduleuses, soit pour faire croire à l'existence d'une entreprise qui n'existe pas, d'un pouvoir ou d'un crédit supposé, soit pour faire naître la crainte ou l'espérance d'un succès, d'un accident ou d'un événement impossible, pourvu que le fait ait été accompagné des trois circonstances ci-après : remise de fonds, emploi de manœuvres frauduleuses, dessein de persuader de l'existence d'un crédit, ou de faire croire à la possibilité d'un événement chimérique. Si l'une de ces circonstances manquait il n'y aurait pas escroquerie.

Sont réputées manœuvres frauduleuses les démonstrations, suppositions, récit mensongers.

L'emploi de cartes biseautées, de dés pipés, sont des escroqueries, parce que l'enjeu de la dupe est une remise de fonds.

Essaims d'abeilles.. — V. *Abeilles.*

Etablissements insalubres, dangereux ou incommodes. — Ne peuvent être formés sans autorisation. Ces établissements sont divisés en trois catégories réglementées par les décrets des 25 janvier 1867 et 24 février 1872.

Etalages. — Lorsqu'un arrêté de police règlemente les étalages sur la voie publique les contraventions sont constatées par les agents (Code pénal, art. 471 n° 15).

Evasions. — V. *Détenus.*

Extorsions. — Tout individu qui, par force, violence ou contrainte, extorque à autrui des signatures ou des titres, se rend coupable du crime puni par l'article 400 du Code pénal.

F

Falsification. — V. *Aliments, Denrées.*

Fausse monnaie. — La fabrication, l'altération ou l'émission de fausse monnaie d'or et d'argent ayant cours en France sont des crimes prévus et punis par les articles 132, 133 et 134 du Code pénal.

Fausses nouvelles. — La publication ou la reproduction de nouvelles fausses, de pièces fabriquées, falsifiées ou mensongèrement attribuées à des tiers est un délit prévu et puni par l'article 15 du décret du 17 février 1852.

Si la publication ou reproduction est faite de mauvaise foi, ou si elle est de nature à troubler la paix publique, la peine d'emprisonnement peut être appliquée.

Si la publication ou reproduction est tout à la fois de nature à troubler la paix publique et faite de mauvaise foi, le maximum de la peine édictée en l'article 15 est applicable.

Faux divers. — La contrefaçon du sceau de l'Etat, l'usage du sceau contrefait, de billets de banque fabriqués ou falsifiés, l'introduction de ces billets sont des crimes prévus et punis par l'article 139 du Code pénal.

Les faux en écriture publique ou authentique, ou par supposition de personnes, commis par des officiers publics, sont des crimes prévus et punis par l'article 145 du Code pénal.

Les faux en écriture authentique et publique, ou en écriture de commerce et de banque, commis par des particuliers, sont des crimes prévus et punis par l'article 147 du Code pénal.

Les faux en écriture publique constituent des crimes prévus et punis par l'article 150 du même Code.

Fenêtres. — Les agents doivent veiller à ce qu'il ne soit pas exposé aux fenêtres donnant sur la voie publique des objets qui, par leur chute, pourraient blesser les passants.

Toute infraction en pareille matière est une contravention prévue et punie par l'article 471 n° 6 du Code pénal.

Fermeture des portes d'allées et de maisons. — Lorsqu'un arrêté municipal prescrit aux habitants de fermer à clé, la nuit, la porte extérieure de leurs maisons, cours, jardins, allées donnant sur la voie publique, les contraventions doivent être constatées et punies par application de l'article 471 n° 15 du Code pénal.

Feux. — Il est défendu d'allumer du feu dans les champs plus près que 50 mètres des maisons, bois, bruyères, vergers, haies, meules de grains, de paille ou de foin (Code rural, loi des 28 septembre, 6 octobre 1791, titre II).

Feux d'artifice. — V. *Artifice.*

Filets de chasse. — V. *Engins de chasse.*

Filets de pêche. — V. *Pêche.*

Filles publiques. — V. *Prostitution.*

Filouteries. — On donne le nom de filouteries aux vols simples, tels que ceux commis dans les poches des individus, sur la voie publique, à l'étalage des marchands.

La loi du 26 juillet 1873 range parmi les filouteries le fait d'un individu qui, sachant qu'il est dans l'impossibilité absolue de payer, se fait servir des boissons ou des aliments dans un établissement public, et les consomme en tout ou en partie.

L'arrestation du prévenu doit toujours être faite dans le cas de flagrant délit. — V. *Formulaire*, p. 6.

Flagrant délit. — Le délit qui se commet actuellement ou qui vient de se commettre est un flagrant délit. Sont aussi réputés flagrant délit, le cas où le prévenu est poursuivi par la clameur publique, et celui où le prévenu est trouvé porteur d'effets, armes, instruments ou papiers faisant présumer qu'il est auteur ou complice, pourvu que ce soit dans un temps voisin du délit.

Foires et Marchés. — Les maires règlementent la police des foires et marchés. Les agents doivent constater les contraventions, qui sont punies par l'article 471 n° 15 du Code pénal.

Fonctionnaires publics. — La corruption ou la tentative de corruption des fonctionnaires par offres, promesses, etc., est un crime qui tombe sous le coup des articles 177 et 180 du Code pénal.

Lorsque les tentatives de contrainte ou de corruption n'ont eu aucun effet, les auteurs ne sont plus coupables que d'un délit punissable de peines correctionnelles.

Fontaines publiques. — Lorsqu'il existe, dans une ville, des règlements faits par l'autorité municipale, sur les fontaines publiques, les agents doivent veiller avec soin à ce qu'il ne soit rien jeté dans les fontaines de nature à altérer la pureté des eaux, à ce qu'on n'y lave pas des herbes, des étoffes ou d'autres objets.

Les contraventions constatées sont punies par l'article 471 n° 15 du Code pénal.

Fosses d'aisances. — Les agents doivent veiller à ce que les arrêtés concernant les fosses d'aisances soient exécutés régulièrement.

Les contraventions constatées sont punies par l'article 471 n° 15 du Code pénal.

Fossés. — Quiconque aura, en tout ou en partie, comblé des fossés, sera puni des peines portées en l'article 456 du Code pénal.

Fourrages. — Quiconque aura coupé, par malveillance, des fourrages qu'il savait appartenir à autrui, sera puni des peines portées en l'article 449 du Code pénal.

Fourrière. — Ce mot est employé pour désigner un lieu où on place les objets saisis par autorité de justice ou trouvés sur la voie publique. V. *Abandon d'animaux.*

Fours, Cheminées. — Le fait d'avoir négligé d'entretenir, de réparer ou de nettoyer les fours, les cheminées ou usines où l'on fait du feu, est une contravention prévue et punie par l'article 471 n° 1 du Code pénal.

Fous ou furieux. — V. *Aliénés, Divagations.*

Franchises. — Dans certains départements l'administration des postes accorde la franchise aux gardes champêtres pour leur correspondance avec le commissaire de police de leur canton.

Fripiers. — V. *Brocanteurs.*

Fruits. — Le fait de cueillir ou de manger des fruits sur le terrain d'autrui est une contravention prévue et punie par l'article 479 n° 9 du Code pénal.

Fumiers. — Ceux qui déposent sur la voie publique des fumiers de toute espèce, surtout quand ils exhalent une odeur infecte, commettent une contravention prévue et punie par l'article 471 n°s 4 et 6 du Code pénal.

Celui qui, sans la permission du propriétaire, enlève des fumiers, de la marne ou tous autres engrais portés sur les terres, commet un délit prévu et puni par la loi du 28 septembre 1791, titre II.

Fusées. — V. *Artifices.*

Fusils à vent. — Sont compris dans les armes dont la fabrication et le port sont interdits.

G

Garde à vue de bestiaux. — Quiconque sera trouvé gardant à vue des bestiaux dans les récoltes d'autrui, sera condamné, en outre du paiement du dommage, à une amende égale à la somme du dédommagement, et pourra l'être, suivant les circonstances, à une détention qui n'exèdera pas une année (loi du 28 septembre 1791, titre II).

Gardes champêtres. — *Institution, Nomination, Traitement, Serment, Surveillance et Révocation.*

Les gardes champêtres sont des fonctionnaires principalement chargés de veiller à la conservation des récoltes, des fruits de la terre, des propriétés rurales de toute espèce, et de concourir au maintien de la tranquillité publique.

Des fonctions analogues étaient, dès avant 1789, confiées à divers préposés, désignés indifféremment, suivant les localités, sous les noms de *messiers*, *gardes-messiers*, *sergents*, *gastiers*, *bannars*, ou *bangards*, *bandiers*, *banavars*, *viguiers* et autres.

Ce fut Charles V qui éleva ces agents au rang de fonctionnaires publics.

C'est, dans notre nouveau droit, à la loi du 28 septembre 6 octobre 1791, sur la police rurale, que remonte l'institution actuelle des gardes champêtres.

Le Code d'instruction criminelle, article 16, leur a donné la qualité d'officiers de police judiciaire, relativement à la police rurale seulement ; mais il ne leur a point donné celle d'auxiliaires du procureur.

Dans l'exercice des attributions qui leur sont confiées, indépendamment de la police rurale, on doit plutôt les considérer comme agents de la force publique.

Les gardes champêtres ne peuvent être choisis que parmi les citoyens de bonnes vie et mœurs, âgés au moins de 25 ans. Leur traitement est au nombre des dépenses obligatoires des communes.

Les gardes champêtres, comme officiers de police judiciaire, ne peuvent faire partie de l'armée territoriale.

Il ne peut leur être délivré de permis de chasse.

Avant d'entrer en fonctions ils doivent prêter, devant le juge de paix de leur canton, le serment de veiller à la conservation de toutes les propriétés qui sont sous la foi publique.

Les gardes champêtres sont, tout à la fois, agents communaux, agents de la force publique et officiers de police judiciaire.

Comme agents communaux, les gardes champêtres sont placés en première ligne sous la surveillance de l'autorité municipale, et, dans la hiérarchie, des préfets et sous-préfets.

Ils sont aussi placés sout l'autorité des commissaires de police, lesquel peuvent les requérir au besoin.

Les gardes champêtres doivent informer ces magistrats de tout ce qui intéresse la tranquillité publique.

Comme agents de la force publique, ils se trouvent sous la surveillance des commandants des brigades de gendarmerie.

Comme officiers de police judiciaire, les gardes champêtres sont placés sous la surveillance du procureur. Néanmoins, ce magistrat n'a pas le droit de leur donner des avertissements ; il ne peut que déférer leurs fautes à l'autorité administrative ou au procureur général.

Les gardes champêtres peuvent être suspendus par les maires ; mais le préfet seul peut les révoquer.

Dès qu'un garde champêtre a reçu la notification de l'arrêté qui le révoque, il doit cesser ses fonctions, sous peine de poursuites.

L'autorisation de s'absenter de la commune est délivrée par le maire, qui doit èn limiter la durée à huit jours au plus, autrement il devrait en référer au sous-préfet.

Armes et costumes des gardes champêtres.

Les gardes champêtres n'ont point de costume déterminé. Ils doivent seulement, dans l'exercice de leurs fonctions, avoir sur le bras une plaque de métal ou d'étoffe portant ces mots : *La Loi, le nom de la commune et celui du garde.*

Les gardes portent ordinairement un sabre ; mais sur la proposition des maires, ils peuvent être autosés par le préfet à porter un fusil ou une carabine de guerre.

Procès-verbaux, *Affirmation, Enregistrement, Validité.*

Les procès-verbaux des gardes champêtres sont, en général, soumis aux mêmes règles que les procès-verbaux dressés par les officiers de police judiciaire.

Ils doivent être affirmés par eux dans les vingt-quatre heures devant le juge de paix, ses suppléants, le maire ou son adjoint, et être enregistrés en débet dans les quatre jours après celui de leur date. Si le quatrième jour tombe un jour férié, le procès-verbal peut être enregistré le cinquième jour après sa date.

Les procès-verbaux des gardes champêtres doivent, lorsqu'il s'agit de simples contraventions, être remis par eux, dans les trois jours au plus tard, au commissaire de police remplissant les fonctions du ministère public près le tribunal de simple police du canton, et lorsqu'il s'agit d'un délit de nature à entraîner une peine correctionnelle la remise doit en être faite au procureur.

Les procès-verbaux des gardes champêtres font foi en justice jusqu'à preuve contraire ; mais ils peuvent toujours être débattus par des preuves contraires, soit écrites, soit testimoniales, si le tribunal juge à propos de les admettre.

Les gardes champêtres ne sont pas obligés d'écrire eux-mêmes les procès verbaux, lorsqu'ils ne sont pas assez lettrés pour le faire, mais ils ne peuvent, à peine de nullité de ces actes, les faire rédiger que par les fonctionnaires ci-après :

1° Le juge de paix du canton; à son défaut, ses suppléants ;

2° Le maire ou les adjoints ;

3° Le commissaire de police ;

4° Le greffier du juge de paix;

Les maires peuvent employer leurs secrétaires, pour écrire, en leur présence, les procès-verbaux des gardes champêtres, en y apposant en suite leur signature, qui donne à ces actes leur caractère d'authenticité.

Devoirs et attributions des gardes champêtres.

Les attributions des gardes champêtres considérés comme officiers de police judiciaire consistent, comme nous l'avons déjà dit : 1o à assurer la conservation des récoltes et des propriétés rurales ; 2o à concourir au maintien de la tranquillité publique. Comme chargés de la conservation des récoltes et des propriétés rurales, ils doivent spécialement rechercher, chacun d'eux dans le ressort pour lequel il est assermenté, les délits et contraventions de police qui auraient porté atteinte à ces propriétés.

Les gardes champêtres, dans l'exercice de la surveillance qui leur appartient, doivent dresser des procès-verbaux à l'effet de constater la nature, les circonstances, le temps, le lieu des délits et des contraventions, ainsi que les preuves et les indices qu'ils auront pu en recueillir.

Ils doivent suivre les choses enlevées dans les lieux où elles auront été transportées et les mettre en sequestre, sans pouvoir néanmoins s'introduire dans les maisons, ateliers, bâtiments, cours adjacentes et enclos, si ce n'est en présence soit du juge de paix, soit de son suppléant, soit du maire du lieu, soit de son adjoint. Plusieurs témoins ne sauraient suppléer à la présence de ces fonctionnaires, et le procès-verbal qui en est dressé doit être signé par celui en présence duquel il aura été fait.

Commis au maintien de la tranquillité publique, les gardes champêtres sont chargés d'arrêter et de conduire devant le juge de paix ou le commissaire de

police tout individu qu'ils auraient surpris en flagrant délit ou qui serait dénoncé par la clameur publique, lorsque ce délit emporte la peine d'emprisonnement ou une peine plus grave, quand même ils
n'auraient pas caractère pour constater ce délit. Ils
peuvent, pour cet effet, se faire donner main forte au
besoin par le maire ou par l'adjoint qui ne peut s'y
refuser et même requérir directement la force publique.

Dans les cas urgents, ou pour des objets importants
les sous-officiers de gendarmerie peuvent mettre en
réquisition les gardes champêtres d'un canton, et les
officiers, ceux d'un arrondissement, soit pour les
seconder dans l'exécution des ordres qu'ils ont reçus,
soit pour le maintien de la police et de la tranquillité
publique ; mais ils sont tenus de donner avis de
cette réquisition aux maires et aux sous-préfets et de
leur en faire connaître le motif.

Des gardes champêtres qui arrêtent, soit des cons-
crits réfractaires, des déserteurs, des hommes éva-
dés des prisons ont droit à la gratification accordée
par les lois à la gendarmerie.

Les gardes champêtres requis par l'autorité militaire pour être employés à l'intérieur, comme auxiliaires de la force publique, ont également droit au
bénéfice des dispositions stipulées au troisième paragraphe de l'article 8 de l'ordonnance du 31 mai 1831.

Enfin, en leur qualité d'agents de la force publique
les gardes champêtres peuvent être chargés de faire
exécuter tous les arrêtés légalement pris par l'autorité municipale ; mais il est essentiel que l'arrêté
les charge de ce soin, car, différemment, ils n'auraient pas qualité pour constater les contraventions.

Délits spéciaux qui rentrent dans les attributions des gardes champêtres.

Les gardes champêtres ont reçu, de plusieurs lois, qualité pour constater certains délits ou infractions. Ce sont : le décret sur *les affiches* ; la loi sur *la chasse* ; l'ordonnance sur *la police des chemins de fer* ; le décret sur *les lignes télégraphiques* ; la loi sur *la pêche* ; le décret sur *les plantations des routes* ; la loi sur *la police du roulage* ; les règlements sur *la voirie vicinale* ; la loi sur *l'ivresse* ; et la loi du 23 août 1871 relative au *timbre des quittances*.

Les gardes champêtres doivent prêter aide et assistance aux employés des contributions indirectes, toutes les fois qu'ils en sont requis.

Ils ont qualité pour dresser procès-verbal de toutes les contraventions relatives à l'achat, la culture, la fabrication, la vente et le colportage des tabacs ; pour procéder à la saisie des tabacs de fraude, des ustensiles et mécaniques qui auraient servi à les fabriquer ; à celle des chevaux, voitures, bateaux, et autres objets servant au transport, et peuvent constituer prisonniers ceux qu'ils surprendraient vendant en fraude du tabac, à leur domicile, et ceux qui en colporteraient.

Ils ont le droit de saisir ou de concourir aux saisies, ainsi que de constater les contraventions en matière de poudres à feu.

Ils sont compétents pour constater la fraude et la contrebande sur les cartes à jouer.

Ils ont mission de rechercher toute fabrication clandestine de sel ou de liqueur saline.

Comme agents de la force publique, les gardes champêtres sont tenus de déférer aux réquisitions qui leur sont faites par les agents et les gardes de l'administration forestière pour la répression des délits forestiers, ainsi que pour la recherche et la saisie des bois coupés en délit, vendus ou achetés en fraude.

Gratifications et primes.

Les gardes champêtres ont droit à des gratifications, à des primes dans certaines constatations ou saisies :

1o Pour la constatation des délits de chasse. — V. *Chasse.*

2o Pour les contraventions au décret sur les affiches peintes. — V. *Affiches.*

3o Pour la police du roulage. — V. *Roulage.*

En matière de douanes, les gardes champêtres prennent part à la répartition des amendes et confiscations, lorsqu'ils ont constaté ou fait constater, soit une fabrique de sel, soit le passage frauduleux ou le dépôt de denrées ou de marchandises de contrebande.

En matière de contributions directes, un garde champêtre a également droit à une part dans le produit des amendes, s'il a fait constater une fraude ou une contravention.

En cas d'arrestation : 1o d'un fabricant ou vendeur de poudre à feu, une prime de 15 fr. est allouée pour chaque individu arrêté, indépendamment de la part dans la saisie ; 2o d'un colporteur ou vendeur de tabac ou d'allumettes en fraude, il y a prime de 15 fr. par personne arrêtée.

Tout garde champêtre, requis par l'autorité militaire pour agir comme auxiliaire de la force publique pour le maintien de l'ordre, a droit aux prestations en nature, au logement, aux indemnités pour perte d'effets et à la solde pour les journées d'hôpitaux fixés par l'article 8, paragraphe 3, de l'ordonnance du 31 mai 1831, en faveur de la troupe.

En cas de saisie-brandon de récoltes pendantes par

racines sur des immeubles situés dans une seule commune, le garde champêtre doit être établi gardien, à moins qu'il ne soit saisissant, ou le parent ou l'allié de ce dernier jusqu'au degré de cousin, issu de germain inclusivement. Il lui est alloué, pour frais de garde, 75 centimes par jour.

Responsabilité des gardes champêtres

Les gardes champêtres sont responsables des dommages résultant des délits qu'ils ont négligé de constater dans les vingt-quatre heures, alors même que cette négligence aurait été autorisée par le maire ou l'adjoint.

Ils le sont encore, à plus forte raison, faute par eux d'avoir affirmé leurs procès-verbaux et de les avoir remis dans les délais fixés par la loi aux fonctionnaires chargés des poursuites.

Cette responsabilité ne doit pas toutefois être confondue avec celle que l'article 6 du Code forestier établit contre les gardes forestiers. Elle ne peut exister, en effet, que par le concours de deux circonstances : 1o le fait de l'omission ; 2o un fait de négligence dont elle aurait été la suite ; elle est réglée par les principes de droit civil, tandis que celle des gardes forestiers existe par cela seul que ces gardes n'ont pas constaté les délits, en sorte que le fait de l'omission suffit seul pour la leur faire encourir.

Là cesse, au surplus, la responsabilité du garde champêtre, et les tribunaux ne sauraient, sans excès de pouvoir, le condamner à des dommages-intérêts, à raison d'actes légalement faits par lui dans l'exercice de son ministère, sous le prétexte de l'inopportunité de ces actes, car ce serait empiéter sur le pouvoir de surveillance, qui n'appartient pas aux tribunaux en cette matière.

Ainsi, par exemple, un tribunal ne pourrait condamner un garde champêtre aux dépens ou à une portion des dépens d'une poursuite, sous le prétexte que le fait constaté ne présenterait pas les caractères d'une contravention ou d'un délit punissable ; ou sous prétexte qu'il n'a verbalisé que pour obéir à son maître ; ou par complaisance pour un tiers, ou sous le motif qu'il a à tort désigné dans son procès-verbal un particulier comme l'un des auteurs de la contravention signalée : ou encore sous le prétexte qu'il n'a pas procédé comme il aurait dû ; qu'il a caché une partie essentielle de la vérité, et que son intention était tout à la fois d'accorder l'impunité à un autre délinquant et de se venger de celui qu'il a désigné.

Crimes et délits commis par les gardes champêtres.

Les gardes champêtres, en leur double qualité d'agents de l'autorité et d'officiers de police judiciaire, sont passibles des peines spéciales, ou de l'aggravation de peine, portées contre les fonctionnaires de l'ordre administratif et judiciaire, à raison de certains délits.

Les voies de fait et l'arrestation arbitraire commises par un garde champêtre dans l'exercice de ses fonctions constituent un crime prévu par l'article 114 du Code pénal.

Ils sont passibles des peines portées par les articles 184 et suivants du Code pénal contre les abus d'autorité et notamment de celles portées par l'article 184 contre la violation du domicile des citoyens ; de celles de l'article 186 relatif aux violences envers les personnes, commises par les fonctionnaires dans l'exercice ou à l'occasion de l'exercice de leur fonctions.

Ils sont passibles des peines portées contre les fonctionnaires publics, coupables de concussion. ou de corruption, par les articles 174 et 177 du Code pénal ; ainsi le garde champêtre qui reçoit de l'argent pour : s'abstenir de constater un délit est passible des peines portées par l'article 177 du Code pénal. Il ne peut être excusé par le motif que le don avait été fait du consentement exprès du propriétaire lésé.

Violences, outrages et injures contre les gardes champêtres.

Toute attaque, toute résistance avec violences et voies de fait envers les gardes champêtres agissant pour l'exécution des lois, des ordres ou ordonnances de l'autorité publique, des mandats de justice ou jugements, est au nombre des crimes et délits de rébellion prévus et punis par les articles 209 et suivants du Code pénal.

Les gardes champêtres, lorsqu'ils sont requis par le maire de leur commune, par le juge de paix ou par le commissaire de police, pour arrêter un prévenu de crime ou de délit, sont considérés comme *force armée* agissant sur les réquisitions d'une autorité compétente ; s'ils éprouvent de la rébellion, la position du prévenu est aggravée par le fait.

Formule de procès-verbal. — Cette formule peut servir indistinctement pour tous les procès-verbaux constatant des délits ruraux, des délits prévus par des lois spéciales et des infractions à des arrêtés municipaux ou préfectoraux.

Procès - Verbal

DÉPARTEMENT

d............

COMMUNE

d............

(Nature du délit)

(Nom, prénoms du délinquant)

(Âgé de.....)

(Profession..)

(Domicile....)

Noms du civilement responsable, s'il en existe.

L'an mil huit......... et le........ à.........heures du...............

Nous (*nom et prénoms*) garde champêtre de la commune d..... .... dûment assermenté et porteur de nos insignes.

Rapportons que cejourd'hui, à la susdite heure, passant dans le quartier d........... avons aperçu (*mentionner ici très exactement le fait délictueux constaté par le garde*)................

Interpellé, le délinquant a déclaré se nommer (*nom, prénoms, âge, profession, domicile*) et a ajouté (*mentionner les excuses fournies par le délinquant*).

En conséquence, attendu que le nommé.......... a été trouvé (*indiquer le fait*) que cefait constitue un délit prévu et puni par l'article.......du (*Code pénal ou de l'arrêté municipal ou préfectoral en date du.........*) avons à son encontre dressé le présent procès-verbal pour servir et valoir ce que de droit.

A........ les jour, mois et an que dessus.

LE GARDE CHAMPÊTRE,

Affirmation.

—

L'an mil huit.............. et le..............

à .... heures du ....

Pardevant nous..

est comparu le sieur .... , garde
champêtre dénommé au procès-verbal ci-contre lequel,
après lecture par nous faite, l'a affirmé sous serment
sincère et véritable et a signé avec nous.

LE GARDE CHAMPÊTRE ,   LE........

Gendarmerie. — Les agents dans l'exercice de
leurs fonctions ont le droit de demander main-forte
à la gendarmerie et à la force armée.

Glaces et neiges. — Les agents feront exécuter les arrêtés prescrivant l'enlèvement des glaces
et des neiges. Ils signaleront par des rapports les
contrevenants. Code pénal, article 471 no 15.

Glanage, grapillage, râtelage. — Ceux
qui, sans autres circonstances, ont glané, grapillé ou
râtelé dans les champs, vignes. ou prés non encore
dépouillés et vidés de leurs récoltes, commettent
une contravention à l'article 471 no 10 du Code
pénal.

Le *glanage* est le droit de ramasser, dans les
champs ouverts, appartenant à autrui, les épis oubliés
par les moissonneurs.

Le grapillage consiste à cueillir dans les vignes
les raisins qui ont été laissés après les vendanges.

Le *râtelage* a pour objet de réunir avec un râteau les herbages et les foins abandonnés dans les prés après l'enlèvement de la récolte.

Gouttières. — Lorsqu'un arrêté municipal, pris dans la forme légale, prescrit, soit la suppression des gouttières ou chanlattes saillantes, soit l'établissement de gouttières à corps pendants, tout établissement fait contrairement à ces prescriptions est une contravention qui doit être poursuivie en vertu de l'article 471 n° 15 du Code pénal.

Grains. — Le mélange et la falsification des grains vendus ou exposés en vente sont des délits prévus par l'article 423 du Code pénal.

Gravois. — Les gravois déposés sur la voie publique, sans une autorisation écrite de l'autorité municipale, constituent une contravention punie par l'article 471 n° 4 du Code pénal.

Gravures. — L'exposition, la mise en vente et la distribution publique de gravures contraires à la décence et aux bonnes mœurs constituent un délit prévu et puni par l'article 287 du Code pénal.

Guet-apens. — Le guet-apens consiste à attendre plus ou moins de temps, dans un ou divers lieux, un individu, soit pour lui donner la mort, soit pour exercer sur lui des actes de violences.

H

Habillements militaires. — L'achat fait aux soldats d'effets d'habillement ou d'équipement militaire est un délit prévu par la loi du 28 mars 1793 et par l'ordonnance royale du 28 juillet 1816, article 10.

Haies. — Quiconque, par malveillance, coupe ou arrache une haie vive ou morte, commet un délit prévu par l'article 456 du Code pénal.

Ces dispositions s'appliquent également à l'arrachement et à la destruction de tous les arbres, plantés ou reconnus pour établir les limites entre divers héritages.

Halles et Marchés. — La surveillance des agents à l'égard des foires, halles et marchés a pour but de maintenir le bon ordre, assurer la fidélité du débit et la salubrité des denrées exposées en vente, principalement en ce qui concerne les fruits, le gibier la viande et le poisson.

Halage. — Tout propriétaire d'un héritage aboutissant ou joignant une rivière navigable, est tenu de laisser le long du bord un terrain de huit mètres de largeur pour servir de chemin de halage. Il ne peut être fait de fossés, de plantations d'arbres ni de clôtures, plus près que dix mètres du bord de la rivière. — Décret du 13 nivôse an V.

Herboristes. — Le loi du 19 ventôse an XI, articles 35 et 36, défend l'exercice, sans diplôme, de le profession d'herboriste, et celledu 21 germinal, même année, défend, aux herboristes autorisés, la vente d'aucuns médicaments composés ou préparations pharmaceutiques.

Homicide. — L'homicide comprend, dans son acception la plus étendue, l'acte quelconque par lequel on cause la mort d'un homme.

En cas d'homicide ou de mort violente ou subite pouvant faire soupçonner un homicide, avis doit en être donné sur le champ au commissaire de police, qui se transporte aussitôt sur les lieux.

Les agents doivent veiller à ce qu'aucun des objets qui entourent la victime ne soient dérangés avant l'arrivée de ce magistrat.

I

Immondices, Ordures. — Ceux qui, par imprudence, jettent des immondices sur quelque personne, commettent une contravention prévue et punie par l'article 471 n° 12 du Code pénal.

Imprimeurs. — Nul ne peut exercer la profession d'imprimeur sans en avoir fait la déclaration au ministère de l'Intérieur.

Toute publication doit porter le nom de l'imprimeur. Décret du 11 septembre 1870.

Incendies. — Dès qu'un agent a connaissance qu'un incendie vient d'éclater, il en donne immédiatement avis au commissaire de police du quartier, lequel s'occupe aussitôt des diverses mesures à prendre dans l'intérêt de l'ordre, de la conservation des propriétés et de la sûreté publique.

Infanticide. — L'infanticide est le meurtre sur un nouveau-né, crime prévu et puni par les articles 300 et 319 du Code pénal.

Injures. — Celui, qui, sans provocation, profère contre quelqu'un des injures simples, commet une contravention prévue et punie par l'article 471 n° 11 du Code pénal.

Les expressions de *canaille, traitre, lâche, sot imbécile, polisson, femme sale, sorcier,* sont des injures simples.

Pour que l'injure soit punissable des peines de simple police, il faut qu'elle ne renferme pas l'imputation d'un vice déterminé et qu'elle ne soit pas publique ; dans le cas contraire, c'est un délit prévu et puni par les articles 13 et suivants de la loi du 17 mais 1819.

Les expressions : *gueux, voleur, fripon, scélérat, faussaire, ivrogne, banqueroutier, salope, putain,* bien que renfermant l'imputation d'un vice déterminé, sont punies des peines de simple police, si elles ont été proférées sans publicité.

Inscriptions. — Celui qui a dessiné, gravé ou tracé sur les murs d'édifices, riverains de la voie publique, des inscriptions obcènes ou séditieuses, commet un délit prévu par la loi du 17 mai 1817.

Inspecteurs de Police. — La dénomination d'inspecteurs s'applique aux chefs placés à la tête des agents de police du service municipal. Cette expression a été maintenue par la loi du 22 janvier 1874.

Aucun règlement spécial ne fixe les devoirs des inspecteurs de police chargés de la direction du service des agents municipaux. On peut toutefois les tracer ainsi qu'il suit :

Les inspecteurs agissent sous les ordres des commissaires centraux ou des commissaires de police, chefs de service, pour la surveillance et le contrôle du service des agents subalternes, brigadiers, sergents de ville, gardiens de la paix, etc.

Dans les villes où le service nécessite deux catégories d'agents, il existe un inspecteur spécial pour chaque service.

Les inspecteurs doivent s'attacher à connaître les agents placés sous leurs ordres ; les interroger fréquemment pour s'assurer s'ils comprennent la nature de l'emploi qui leur est confié; se rendre compte de la conduite, du zèle et de l'intelligence de chacun d'eux, de manière à pouvoir signaler ceux qui paraîtraient dignes d'avancement.

Les inspecteurs veillent à ce que le service soit fait avec régularité dans toute l'étendue de la ville, parcourent plusieurs fois dans la journée les circonscriptions, et visitent les postes de police, soit le jour, soit la nuit.

Ils concourent aussi avec les agents à l'exécution des lois et règlements de toute nature ; prêtent main forte soit à l'autorité publique, soit aux citoyens dans les cas de sinistre ou de danger public.

Les inspecteurs doivent avoir un bureau dans les dépendances de la préfecture ou de la mairie, suivant les localités.

Ils portent un uniforme conforme au modèle fixé par l'administration : cet uniforme est fourni sur les fonds du budget communal.

Chaque jour, les inspecteurs doivent remettre, au commissaire central ou au chef de service, sous les ordres duquel ils sont placés, un rapport sur le service de la veille. Ce rapport doit comprendre :

1° *Personnels des agents* : Tenue ; conduite ;

2° *Arrestations* : Agents qui les ont opérées ; motifs ;

3° *Marchés. Ports* : Maintien du bon ordre ; qualité des denrées ; approvisionnements ; variations des prix ;

4° *Lieux publics* : Cafés, théâtres, bals, concerts, garnis, hôtels ;

5° *Service des mœurs* ;

6° *Contraventions constatées par les agents* : Nombre et nature ;

7° *Accidents divers.*

Irrigations. — L'usage des cours d'eau communs à plusieurs propriétés est réglé par des arrêtés des préfets. Les contraventions sont prévues et punies par l'article 471 n° 15 du Code pénal.

Ivresse. — Ceux qui sont trouvés en état d'ivresse manifeste dans les rues, chemins, places, cafés, cabarets ou autres lieux publics, commettent, une contravention à la loi du 23 janvier 1873, article 1er.

On entend par *ivresse manifeste* l'ivresse qui produit un scandale public par sa seule vue, et non par tel ou tel acte déjà répréhensible et puni par le droit criminel.

Sont punissables aussi, les cafetiers, les cabaretiers et autres débitants qui auront donné à boire à des gens manifestement ivres ou qui les auront reçus dans leurs établissements, ou auront servi des liqueurs alcooliques à des mineurs âgés de moins seize ans accomplis. — Loi du 23 janvier 1873, article 4.

Toute personne trouvée en état d'ivresse dans les rues, chemins, places, cafés, cabarets ou autres lieux publics, pourra être, par mesure de police, conduite à ses frais au poste le plus voisin, pour y être retenue jusqu'à ce qu'elle ait recouvré sa raison. — Loi susdite, article 11. — V. *Formulaire*, p. 7.

J

Jet de corps durs, Immondices. — Ceux qui auront jeté ou exposé au-devant de leurs édifices des choses de nature à nuire par leur chute ou par des exhalaisons insalubres ;

Ceux qui auront imprudemment jeté des immondices sur quelqu'un ;

Ceux qui auront jeté des pierres ou autres corps durs ou des immondices contre les maisons, édifices ou enclos ou sur quelques personnes, sont passibles des peines portées aux articles 471 et 475 du Code pénal.

Jeux. — V. *Maisons de jeux.*

Ceux qui auront tenu une maison de jeux de hasard et y auront admis le public, soit librement, soit sur la présentation des intéressés ou affiliés, les banquiers de cette maison, tous ceux qui auront établi ou tenu des loteries non autorisées par la loi, tous administrateurs, préposés ou agents de ces établissements sont passibles des peines portées en l'article 410 du Code pénal.

Les agents doivent surveiller activement les maisons réputées de jeux et donner connaissance aux commissaires de police des renseignements qu'ils pourraient recueillir.

Jeux de hasard sur la voie publique.

CODE PÉNAL, — Art. 475. Seront punis d'amende depuis 6 francs jusqu'à 10 francs inclusivement... Ceux qui auront établi ou tenu dans les rues, chemins, places ou lieux publics, des jeux de loterie ou d'autres jeux de hasard.

Art. 477. Seront saisis et confisqués : 1° les tables, instruments, appareils de jeux ou de loteries établis dans les rues, chemins et voies publiques; ainsi que les enjeux, les fonds, denrées, objets ou lots proposés aux joueurs, dans le cas de l'article 476, etc.

Art. 478 § 2. Les individus mentionnés au n° 5 du même article (475). qui seraient repris pour le même fait en état de récidive, seront traduits devant le tribunal de police correctionnelle, et punis d'un emprisonnement de six jours à un mois, et d'une amende de 16 à 200 francs.

Les mots lieux publics employés par l'article 475 comprennent non-seulement les voies publiques en général, mais encore tous les établissements et tous les lieux qui sont publics, et par conséquent les auberges, cafés, cabarets, aussi bien que les rues et chemins.

La disposition du n° 5 de l'article 475 ne s'applique qu'à ceux qui ont tenu les jeux et ne concerne pas les individus qui y ont seulement pris part.

Nomenclature des jeux de hasard tenus sur la voie publique.

L'as de cœur. — Ce jeu se fait avec trois cartes. On en tient deux dans la main droite (l'as de cœur se trouvant placé en dessous) et la troisième est dans la main gauche. On fait passer successivement ces cartes d'une main dans l'autre, et toujours en ayant soin de faire voir l'as de cœur. Lorsque le banquier s'aperçoit qu'une personne se présente pour faire son enjeu, il substitue adroitement à l'as de cœur la carte qui se trouvait en dessus, et le joueur se trouve victime de cet escamotage frauduleux.

Les trois cartes. — Un individu tire d'un jeu de cartes qu'il tient à la main, trois cartes dont il fait voir la première et qu'il pose séparément, la couleur en dessous, et après avoir subtilement changé l'ordre dans lequel elles se trouvaient, sur un chapeau, sur une table ou sur un tapis, il propose alors aux personnes qui l'entourent de parier qu'elles ne trouveront pas la carte qu'il leur a montrée. Lorsque les enjeux sont formés, il entremêle les cartes de manière à ce que leurs mouvements puissent être suivis des yeux par les parieurs qui ne manquent jamais de désigner la carte frauduleusement substituée à celle qui leur avait été montrée.

Une autre manœuvre frauduleuse consiste à substituer à un sept qu'on a fait voir aux assistants, le huit de la même couleur qu'on montre également aux joueurs, mais de manière que l'un des points se trouve masqué, afin de laisser croire que c'est réellement le sept sur lequel les paris s'étaient établis.

La jarretière. — Ce jeu s'exécute avec une jarretière dont les deux bouts sont noués ensemble, laquelle est repliée plusieurs fois sur elle-même à peu près dans la forme semi-circulaire et présente dans cette situation deux anneaux ou ouvertures. Le joueur choisit l'une des ouvertures dans laquelle il place le doigt, qui doit fixer la jarretière lorsque le banquier vient à la tirer. Mais la disposition de cette jarretière, et surtout l'adresse de celui qui la dirige, rendent impossible aucune chance de succès en faveur du joueur.

La roulette. — Ce jeu offre à peu près les mêmes combinaisons que la roulette employée dans les maisons à partie.

Le cylindre présente sept chances, savoir : *l'ancre*

le *pique*, la *trèfle*, lesquels forment la couleur noire, le le *carreau*, le *cœur* et l'*étoile* qui forment la couleur rouge ; enfin le *zéro blanc* qui, lorsqu'il sort, fait perdre toutes les couleurs, ce qui établit une chance de plus en faveur du banquier. L'avantage de celui-ci est encore plus grand lorsqu'au lieu de jouer la couleur on joue pour une figure déterminée ; car, en cas de succès, le joueur ne reçoit que quatre fois la mise, tandis qu'il a six chances contre lui.

Le cadrille.— Ce jeu est une espèce de roulette représentant : 1° 16 figures composées de 4 as, 4 rois, 4 dames, 4 valets, lesquelles sont partagées en deux couleurs, la rouge et la noire ; 2° 2 zéros, l'un blanc, l'autre bleu, qui sont pour le teneur du cadrille.

Les chances sont à peu près en même proportion qu'à la roulette, avec cette différence cependant que dans l'exécution du cadrille il y a une combinaison frauduleuse en ce sens que les deux pointes en fer entre lesquelles la baleine du cylindre vient se fixer au terme de sa rotation, se trouve plus écartées sur les deux zéros que sur les autres divisions du cercle.

Les trois coquilles. — Ce jeu se fait avec trois coquilles de noix ou trois dés à coudre. Le banquier déplace successivement ces trois coquilles en ayant soin de laisser voir, sous l'une d'elles, une petite boule de liége ou de mie de pain. Il la fait passer d'une coquille sous l'autre, à la vue des spectateurs, et lorsque les enjeux se forment, il l'escamote et la fait passer sous une autre coquille autre que celle qui avait fixé les regards des assistants.

Le passe-dix. — Ce jeu se compose de trois dés à jouer que roulent alternativement les joueurs qui forment la partie ou la poule.

La fraude dans ce jeu consiste en ce que les compères sont toujours munis de dés semblables à ceux de la partie; mais avec cette différence que leurs dés sont plombés de manière à amener un nombre fixé pour la passe ou pour la manque, et lorsqu'ils sont sur le point de jouer ils substituent leurs dés plombés aux dés ordinaires.

Les fraudeurs emploient aussi quelquefois de faux dés qui, sur toutes les faces, ne produisent que des as, des deux et des trois pour la manque, et d'autres dés qui ne produisent que des quatre, des cinq et des six pour la passe.

La blanque. — C'est une petite table ronde dont le dessus de forme plate est entièrement garni de trous ; les uns représentent des numéros et les autres des couleurs. Une boule lancée par le joueur va se fixer sur un des numéros, et c'est le plus haut numéro qui gagne la partie.

La loterie. — Ce jeu se compose de 90 petits morceaux de papiers roulés, sur lesquels sont tracés les numéros 1 jusqu'à 90 et qui sont placés dans une boite découverte. Plusieurs cartons, représentant les mêmes numéros sont distribués aux joueurs. Trente ou quarante des numéros sont de dimensions plus fortes que les autres, et les cartons représentant ces mêmes numéros sont toujours à la disposition des compères, qui les reconnaissent à une marque distinctive.

Loterie des 90 numéros avec boules dans un sac. — Il ne paraît pas y avoir de combinaison frauduleuse dans ce jeu. Le teneur a seulement l'avantage de retirer à peu près le double de la valeur des objets mis en loterie, tels que tableaux, pâtisserie, etc.

Jeu dit la parfaite égalité. — Ce jeu se compose d'un carton représentant les numéros 1, 2, 3, 4, 5, 6. Le teneur est muni d'un cornet contenant trois dés à jouer, lesquels jetés sur le carton offrent le partage égal de trois chances pour les joueurs et trois pour le banquier, ce qui a fait donner à ce jeu la dénomination de parfaite égalité.

La fraude ne commence que lorsque les joueurs placent de forts enjeux sur des chances qu'ils ont suivies avec persévérance ; alors le teneur ou l'un des compères substitue à l'un des trois dés ordinaires que contient le cornet, un autre dé de même forme, mais dont les faces ne produisent que des numéros opposés à ceux suivis par les joueurs. — Brayer, *Dictionnaire général de police*. — *V. Formulaire*, p. 8.

Jour. — Le temps de jour, sous le rapport juridique, est fixé ainsi qu'il suit :

Depuis le 1er octobre jusqu'au 31 mars, de six heures du matin à six heures du soir ; depuis le 1er avril jusqu'au 30 septembre, de quatre heures du matin à neuf heures du soir.

La police judiciaire, agissant pour la recherche et la constatation des crimes, délits et contraventions, et par conséquent dans l'intérêt de la société, en général, peut procéder à ses opérations tous les jours, sans exception, qu'ils soient ou non fériés.

Les perquisitions ne peuvent être faites qu'aux heures indiquées ci-dessus.

L

Lait. — Quiconque ajoute au lait qu'il met en vente, soit de l'eau pour augmenter la quantité, soit des substances étrangères de nature à en dénaturer la qualité, ou en dissimuler l'altération, commet un délit punissable de peines correctionnelles.

Vu la difficulté de constater le fait, nous engageons les agents à signaler aux commissaires de police les individus contre lesquels il y aurait des plaintes sérieuses.

Lieux publics. — Les lieux réputés publics sont ceux où tout le monde est admis, tels que les halles ouvertes, les maisons de tolérance, les hôtels, les cafés, les auberges, les cabarets, les restaurants, les logements et maisons garnis, les concerts, bals, théâtres et stations de chemins de fer.

Les agents ont le droit d'y pénétrer à toutes les heures du jour ou de la nuit pour s'assurer qu'il ne s'y passe rien de contraire à l'ordre public et aux bonnes mœurs.

Livrets d'ouvriers. — La loi du 22 juin 1854 oblige les ouvriers de l'un et de l'autre sexe attachés aux manufactures, fabriques, usines, mines, minières, carrières, chantiers, ateliers et autres établissements industriels, ou travaillant chez eux pour un ou plusieurs patrons, à se munir d'un livret.

Les chefs ou directeurs des établissements ci-dessus spécifiés ne peuvent employer un ouvrier s'il n'est porteur d'un livret en règle. Les contraventions sont punies par l'article 11 de la susdite loi.

Un diplôme de membre d'une société de secours mutuel tient lieu de livret à l'ouvrier.

Les chefs d'établissement doivent tenir un registre spécial, conformément à l'article 8 du décret du 30 avril 1855.

Logeurs en garni. — Les logeurs sont astreints à la tenue du registre prescrit pour l'inscription des personnes qui ont couché ou passé une nuit dans leurs maisons.

L'article 154 du Code pénal punit d'un emprisonnement de 6 jours à 1 mois tout logeur ou aubergiste qui a sciemment inscrit sur ses registres, sous des noms faux ou supposés, les personnes logées chez lui.

Loteries. — La loi du 22 mai 1836 prohibe les loteries de toute espèce.

Les loteries d'objets mobiliers dont le produit est destiné à des actes de bienfaisance, sont seules exceptées de cette prohibition, lorsqu'elles ont été autorisées par le préfet du département ou par le ministre de l'intérieur.

L'établissement d'une loterie quelconque, sans autorisation, est un délit puni par l'article 410 du Code pénal.

Loups (Primes pour la destruction des). — L'instruction ministérielle du 9 juillet 1818 fixe les primes de la manière suivante :

Dix-huit francs pour la destruction d'une louve pleine ;

Quinze francs pour une louve non pleine ;

Douze francs pour un loup ;

Six francs pour un louveteau.

Celui qui aura tué un de ces animaux et voudra toucher l'une des primes énoncées, sera tenu de se présenter à l'agent municipal de la commune la plus voisine de son domicile, et d'y faire constater la mort de l'animal, son âge et son sexe ; si c'est une louve, il sera dit si elle est pleine ou non.

La tête de l'animal et le procès verbal dressé par l'agent municipal seront envoyés à l'administration départementale, qui délivrera un mandat sur le receveur du département sur les fonds qui seront, à cet effet, mis entre ses mains par ordre du ministre de l'intérieur.

M

Main-forte. — On entend par main-forte l'aide et l'assistance pour l'exécution de travaux dans les cas d'accidents de toute nature.

Tout individu qui, valablement requis, refuse de prêter assistance aux agents dans le cas de flagrant délit, d'incendie, d'inondation, de pillage ou de tout autre accident, commet une contravention prévue et punie par le n° 12 de l'article 475 du Code pénal. — V. *Formulaire*, p. 9.

Maisons de prêt, de gage ou de nantissement. — Il est défendu d'établir ou de tenir, sans autorisation légale, des maisons de prêt sur gage ou nantissement.

Ceux qui sont autorisés doivent avoir un registre contenant de suite, sans blanc ni interligne, les indications et les renseignements divers sur les articles à eux confiés.

Maisons garnies. — V. *Logeurs*.

Maisons de jeux. — V. *Jeux*.

Maladies contagieuses. — V. *Épizootie*.

Mandats de justice. — Les mandats de justice sont notifiés par les huissiers ou les agents de la force publique.

Il y a quatre sortes de mandats : *le mandat de comparution, le mandat d'amener, le mandat de dépôt* et *le mandat d'arrêt*.

Il n'y a guère que les mandats d'amener et d'arrêt qui soient délivrés aux agents ; les autres sont toujours notifiés par les huissiers.

Les agents porteurs d'un mandat d'amener en font l'exhibition au prévenu et lui en délivrent copie.

Le prévenu qui refuserait d'obéir, ou qui, après avoir déclaré qu'il était prêt à obéir, tenterait de s'évader, devrait être contraint.

Le porteur du mandat d'amener emploierait, au besoin, la force publique du lieu le plus voisin, qui est tenue de marcher sur la réquisition contenue dans le mandat d'amener.

Si le prévenu contre lequel il a été décerné un mandat d'amener ne peut être trouvé, ce mandat sera exhibé au commissaire de police du quartier qui visera l'original de l'acte de notification.

Le prévenu saisi en vertu d'un mandat d'amener ne peut jamais être conduit à la maison d'arrêt ; il doit être déposé au violon et conduit, à l'ouverture des bureaux du parquet, devant le procureur de la République, auquel est remis le procès-verbal d'arrestation. — V. *Formulaire*, p. 10.

Les agents, porteurs d'un mandat d'arrêt, peuvent se faire accompagner d'une force suffisante pour que le prévenu ne puisse se soustraire à la loi.

Cette force sera prise dans le lieu le plus à portée de celui où le mandat d'arrêt devra s'exécuter, et elle est tenue de marcher, sur la réquisition directement faite au commandant et contenue dans le mandat.

Si le prévenu ne peut être saisi, le mandat sera notifié à sa dernière habitation, et il sera dressé procès-verbal de perquisition. — V. *Formulaire*, p. 12.

Ce procès-verbal sera dressé en présence des deux plus proches voisins du prévenu que le porteur du mandat d'arrêt pourra trouver. Ils le signeront, ou s'ils ne savent ou ne veulent pas signer, il en sera fait mention, ainsi que de l'interpellation qui en aura été faite.

Le porteur du mandat d'arrêt fera ensuite viser son procès-verbal par le commissaire de Police du quartier et lui en laissera copie.

Le mandat d'arrêt et le procès-verbal seront ensuite remis au greffe du tribunal.

Le prévenu, saisi en vertu d'un mandat d'arrêt, sera conduit sans délai dans la maison d'arrêt.

L'agent, chargé de l'exécution du mandat d'arrêt, remettra le prévenu au gardien de la maison d'arrêt qui lui en donnera décharge.

Il portera ensuite, au greffe du tribunal correctionnel, les pièces relatives à l'arrestation, et en prendra une reconnaissance. — V. *Formulaire*, p. 11.

Il exhibera ces décharge et reconnaissance dans les vingt-quatre heures au juge d'instruction.

Toute exécution de mandats de justice peut avoir lieu la nuit comme le jour sur la voie publique et dans les lieux publics.

Pendant le jour, le porteur d'un mandat d'arrêt peut pénétrer dans le domicile d'un citoyen, malgré son refus.

Les agents de police, porteurs de mandements de justice, agissent alors en qualité d'agents de la force publique. Les actes qu'ils font doivent faire l'objet de procès-verbaux et non de rapports. — V. *Capture*.

Maraudage. — V. *Fruits*.

Marchandises. — Les agents doivent surveiller et relever avec soin toutes les tromperies qui peuvent être commises sur la nature, l'espèce, la quantité ou la qualité des marchandises en général. Toutes ces fraudes sont des délits prévus par l'article 423 du Code pénal. — V. *Formulaire*, p. 13.

Marchés. — V. *Halles*.

Masques et Carnaval. — L'autorité municipale règlemente, par des arrêtés spéciaux, tout ce qui a rapport aux masques et mascarades, pour s'opposer à ce qu'il n'y ait aucun déguisement de nature indécente, ou insultante pour les cultes ou les corps constitués.

Les infractions aux prescriptions de ces arrêtés sont des contraventions punies par l'article 471 n° 15 du Code pénal.

Matériaux. — V. *Embarras, Décombres*.

Mauvais traitements (envers les animaux domestiques). — V. *Animaux*.

Médicaments, Drogues. — Nul autre individu que les pharmaciens, légalement établis, n'a le droit de vendre des médicaments, des drogues ou de remèdes d'aucun genre. — Loi du 21 germinal an xi.

Les agents doivent signaler aux commissaires de police les cas de vente illégale de médicaments ou de drogues qu'ils peuvent découvrir.

Melons. — Vers la fin du mois d'octobre, le débit des melons doit être activement surveillé, attendu qu'ils perdent, par l'effet des pluies et des fraîcheurs, leur substance balsamique, et ne conservent qu'un phlegme grossier et visqueux, qui peut occasionner des fièvres et autres maladies.

Dans le cas où il n'existerait pas d'arrêté prohibitif, les agents devraient se borner à exercer la plus grande surveillance et à saisir tout melon qui ne leur paraîtrait pas de nature à être livré à la consommation.

Menaces de mort. — La menace de mort est un crime ou un délit, suivant les circonstances qui l'accompagnent.

Crime et délit tombent sous le coup des articles 305, 306 et 307 du Code pénal.

Mendicité. — Toute personne qui mendie dans un lieu pour lequel il existe un établissement public organisé, afin d'obvier à la mendicité, commet un délit prévu et puni par l'article 274 du Code pénal.

Ceux qui mendient avec menaces, en feignant des plaies ou des infirmités, commettent un délit prévu par l'article 276 du Code susdit, ainsi que les mendiants, même invalides, qui entrent, sans permission du propriétaire, dans une habitation ou dans un enclos en dépendant, et ceux qui se réunissent, en troupe, pour mendier.

Tous mendiants ou vagabonds travestis, porteurs d'armes, de limes, de crochets ou d'autres instruments analogues commettent un délit puni par l'article 277 du Code pénal.

L'article 278 punit tout mendiant ou vagabond qui sera trouvé porteur d'un ou de plusieurs effets d'une valeur supérieure à 100 fr., qui ne justifiera point d'où ils lui proviennent.

Les individus mendiants, qui ont exercé quelque violence contre les personnes, lorsqu'ils se trouvent dans l'une des circonstances exprimées en l'article 277 du Code pénal, sont punis de la peine de la réclusion (C. p. 278).

Quiconque emploiera des enfants, âgés de moins de seize ans, à la mendicité habituelle, soit ouvertement, soit sous l'apparence d'une profession, sera considéré comme auteur ou complice du délit de mendicité en réunion prévu et puni par l'article 276 du Code pénal. — *Loi du 7 décembre 1874 article, 3.* — V. *Formulaire,* p. 14.

Messageries publiques. — V. *Roulage.*

Mesures. — Tout individu, dans la boutique ou le magasin duquel il est trouvé des mesures dont l'usage est défendu par la loi, est passible des peines de simple police, portées en l'article 477 n° 5 du Code pénal.

L'usage des mesures fausses constitue un délit prévu par la loi du 27 mars 1851.

Les agents n'ont qualité que pour constater les délits et contraventions qui se commettent sur la voie publique et dans les lieux réputés publics ; ils ne peuvent entrer dans les boutiques ou les magasins.

Monnaies. — Quiconque refuse de recevoir les espèces et monnaies nationales, non fausses ni altérées, selon la valeur pour laquelle elles ont cours, se rend coupable d'une contravention prévue et punie par l'article 475 n° 11 du Code pénal.

Monuments et édifices publics. — La dégradation, la mutilation ou la destruction de statues ou de tous autres objets destinés à l'utilité ou à la décoration publique sont des délits prévus et punis par l'article 256 du Code pénal. — V. *Formulaire,* p. 15.

Morve. — Toutes personnes, de quelque qualité et condition qu'elles soient, qui auront des chevaux et bestiaux atteints ou soupçonnés de la morve ou de tout autre maladie contagieuse, sont tenues, d'en faire la déclaration au maire, etc....... Code pénal, art. 459.

Musiciens ambulants. — V. *Saltimbanques.*

N

Neiges et glaces. — V. *Glaces.*
Nettoiement. — V. *Balayage.*
Noyés. — V. *Asphyxiés.*
Nuit. — V. *Jour.*

O

Objets perdus. — Tout objet trouvé doit être rendu de suite à son propriétaire, s'il est connu: S'il n'est pas connu, l'objet doit être porté dans les vingt-quatre heures, chez l'officier de police le plus voisin, qui en reçoit la déclaration et la transmet avec l'objet trouvé à la préfecture de police. *Arrêté du 19 frimaire an* XIII.

Au bout d'un an, lorsque toutes les recherches ont été infructueuses, les objets, non réclamés par les propriétaires, sont remis aux déposants à la charge par eux de les conserver pendant deux autres années, pendant lesquelles la revendication est admise par la loi.

Cette excellente manière de procéder à Paris est généralement adoptée en Province.

Objets saisis. — L'individu saisi qui détruit, détourne ou tente de détourner les objets saisis et confiés à sa garde, se rend coupable du délit prévu et puni par l'article 400 du Code pénal.

Ordures. — Lorsqu'un arrêté du maire défend de déposer des ordures sur la voie publique, le long des murs, d'édifices publics ou particuliers, ceux qui y contreviennent commettent une contravention punie par l'article 471 n° 15 du Code pénal.

Orgues (joueurs d'). — V. *Saltimbanques.*

Outrages envers les dépositaires de l'autorité et de la force publique. — L'outrage fait par paroles, gestes ou menaces à tout officier ministériel ou agent dépositaire de la force publique, et à tout citoyen chargé d'un ministère de service public, dans l'exercice ou à l'occasion de l'exercice de ses fonctions, est un délit prévu et puni par l'article 224 du Code pénal. Cet article est applicable à ceux qui outragent les agents de police. — V. *Formulaire,* p. 16

Outrage public à la pudeur. — On appelle outrage public à la pudeur, toute action déshonnête ou impudique, tout geste obscène ou lascif d'une certaine gravité commis dans les lieux publics, dans les rues, ou sur les chemins publics, en présence d'une ou plusieurs personnes.

L'outrage public à la pudeur est un délit prévu et puni par l'article 330 du Code pénal.

P

Pacage. — Ceux qui mènent, sur le terrain d'autrui, des bestiaux de quelque nature qu'ils soient, et notamment dans les prairies artificielles, dans les vignes, oseraies, dans les plants de câpriers, dans ceux d'oliviers, de mûriers, de grenadiers, d'orangers, et d'arbres de même genre, dans tous les plants ou pépinières d'arbres fruitiers ou autres, faits de mains d'homme, commettent une contravention prévue et punie par l'article 479 n° 10 du Code pénal.

(*De bestiaux gardés à vue*). — La loi du 28 décembre 1791, article 26, punit quiconque sera trouvé gardant à vue ses bestiaux dans les récoltes d'autrui. Ce fait constitue un délit justiciable de la police correctionnelle.

(*De bestiaux malades*). — V. *Épizooties*.

(*Des bestiaux revenant des foires*). — L'article 25 de la loi du 28 septembre 1791 punit les conducteurs de bestiaux qui, revenant des foires, ou les menant d'un lieu à un autre, même dans les pays de parcours ou de vaine pâture, les laisseront pacager sur les terres des particuliers ou sur les communaux.

La saisie des bestiaux peut être opérée pour la garantie du paiement de l'amende, des frais et des dommages-intérêts.

Pain. — La mise en vente de pain gâté ou corrompu est un délit prévu par la loi du 27 mars 1851. La saisie du pain délictueux doit toujours être faite.

Si le prix du pain est fixé par une taxe municipale les agents doivent s'attacher à constater les infractions, lesquelles tombent sous le coup de l'article 471 n° 15 du Code pénal.

Passage sur le terrain d'autrui. — Ceux qui n'étant ni propriétaires, ni usufruitiers, ni locataires, ni fermiers, ni jouissant d'un terrain ou d'un droit de passage, ou qui n'étant agents, ni préposés d'aucune de ces personnes, entrent ou passent sur ce terrain, s'il est préparé ou ensemencé, commettent une contravention prévue et punie par l'article 471 n° 13 du Code pénal.

Pour constituer l'infraction trois conditions sont nécessaires. Il faut : 1° qu'il y ait entrée et passage sur un terrain : 2° que l'entrée et le passage aient été effectués sans droit : 3° que le terrain ait été préparé ou ensemencé.

Passeports (*arrestation pour défaut de*). — Aux termes des lois du 1er février 1792 et du 10 vendémiaire an IV, l'autorité administrative a le droit d'arrêter préventivement tout voyageur français ou étranger qui est dépourvu de passeport ou d'une pièce authentique qui en tienne lieu.

Ces lois n'ont pas été abrogées et les agents ont le droit d'arrêter tout individu qui se trouverait dépourvu de titres de voyage ; mais nous les engageons vivement à être très prudents et à n'user de cette mesure qu'à la dernière extrémité.—V. *Vagabondage.*

Tout voyageur porteur d'un passeport falsifié ou altéré commet un délit prévu et puni par l'article 153 du Code pénal.

Celui qui, dans un passeport, prend un nom supposé, ou qui concourt comme témoin à la délivrance d'un passeport sous un nom supposé, commet le délit prévu et puni par l'article 154.

Patentes. — Tout individu français ou étranger qui exerce en France un commerce, une industrie, une profession non comprise dans les exceptions déterminées par la loi, est assujetti à la contribution des patentes.

Les agents de police n'ont pas le droit d'exiger l'exhibition des patentes. Ce droit est formellement réservé aux maires, adjoints, juges de paix et tous autres officiers ou agents de police judiciaire, parmi lesquels les gardes champêtres sont compris.

Pâturage, Pâture. — V. *Pacage.*

Pêche.

Du droit de pêche.

Art. 1er. Le droit de pêche sera exercé au profit de l'Etat :

1° Dans tous les fleuves, rivières, canaux et contre-fossés navigables ou flottables avec bateaux, trains ou radeaux, et dont l'entretien est à la charge de l'Etat ou de ses ayants cause ;

2° Dans les bras, noues, boires et fossés qui tirent leurs eaux des fleuves et rivières navigables ou flottables, dans lesquelles on peut en tout temps passer ou pénétrer librement en bateau de pêcheur, et dont l'entretien est également à la charge de l'Etat.

Sont toutefois exceptés les canaux et fossés existants ou qui seraient creusés dans des propriétés particulières, et entretenus aux frais des propriétaires.

Art. 2. Dans toutes les rivières et canaux autres que ceux qui sont désignés dans l'article précédent, les propriétaires riverains auront, chacun de son côté, le droit de pêcher jusqu'au milieu du cours de l'eau, sans préjudice des droits contraires établis par possession ou titres.

Art. 5. Tout individu qui se livrera à la pêche sur les fleuves et rivières navigables ou flottables, canaux, ruisseaux ou cours d'eau quelconques, sans la permission de celui à qui le droit de pêche appartient, sera condamné à une amende de 20 fr. au moins et de 100 fr. au plus, indépendamment des dommages-intérêts.

Il y aura lieu, en outre, à la restitution du prix du poisson qui aura été pêché en délit, et la confiscation des filets et engins de pêche pourra être prononcée.

Néanmoins, il est permis à tout individu de pêcher à la ligne flottante tenue à la main, dans les fleuves, rivières et canaux désignés dans les deux premiers paragraphes de l'article 1er de la présente loi, le temps du frai excepté.

Conservation et police de la pêche.

Art. 23. Nul ne pourra exercer le droit de pêche dans les fleuves et rivières navigables ou flottables, canaux, ruisseaux, ou cours d'eau quelconques, qu'en se conformant aux dispositions suivantes.

Art. 24. Il est interdit de placer dans les rivières navigables ou flottables, canaux et ruisseaux, aucun barrage, appareil ou établissement quelconque de pêcherie ayant pour objet d'empêcher entièrement le passage du poisson.

Les délinquants seront condamnés à une amende de 50 fr. à 500 fr., et, en outre, aux dommages-intérêts ; et les appareils ou établissements de pêche seront saisis et détruits.

Art. 25. Quiconque aura jeté dans les eaux des drogues ou appâts qui sont de nature à enivrer le poisson ou le détruire, sera puni d'une amende de 30 francs à 300 francs, et d'un emprisonnement d'un mois à trois mois.

Art. 27. Quiconque se livrera à la pêche pendant les temps, saisons et heures prohibés par les ordonnances sera puni d'une amende de 30 francs à 200 francs.

Art. 28. Une amende de 30 francs à 100 francs sera prononcée contre ceux qui feront usage, en quelque temps et en quelque fleuve, rivière, canal ou ruisseau que ce soit, de l'un des procédés ou mode de pêche, ou de l'un des instruments ou engins de pêche, prohibés par les ordonnances.

Si le délit a lieu pendant le temps du frai, l'amende sera de 60 à 200 francs.

Art. 29. Les mêmes peines seront prononcées contre ceux qui se serviront pour une autre pêche, de filets permis seulement pour celle du poisson de petite espèce.

Ceux qui seront trouvés porteurs ou munis, hors de leur domicile, d'engins ou instruments de pêche prohibés pourront être condamnés à une amende qui n'excédera pas 20 francs, et à la confiscation des engins ou instruments de pêche, à moins que ces engins ou instruments ne soient destinés à la pêche dans des étangs ou réservoirs.

Art. 30. Quiconque pêchera, colportera ou débitera des poissons qui n'auront point les dimensions déterminées par les ordonnances, sera puni d'une amende de

20 à 50 francs, et de la confiscation desdits poissons. Sont néanmoins exceptées de cette disposition les ventes de poissons provenant des étangs ou réservoirs.

Sont considérés comme des étangs ou réservoirs les fossés et canaux appartenant à des particuliers, dès que leurs eaux cessent naturellement de communiquer avec les rivières.

Art. 31. La même peine sera prononcée contre les pêcheurs qui appâteront leurs hameçons, nasses, filets ou autres engins, avec des poissons des espèces prohibées qui seront désignées par les ordonnances.

Art. 32. Les fermiers de la pêche et porteurs de licences, leurs associés, compagnons et gens à gages, ne pourront faire usage d'aucun filet ou engin quelconque, qu'après qu'il aura été plombé ou marqué par les agents de l'administration de la police de la pêche. — La même obligation s'étendra à tous autres pêcheurs compris dans les limites de l'inscription maritime, pour les engins ou filets dont ils feront usage dans les cours d'eau désignés par les paragraphes 1 et 2 de l'article 1er de la présente loi. — Les délinquants seront punis d'une amende de 20 francs pour chaque filet ou engin non plombé ou marqué (*modifié par la loi du 31 mai 1865, art. 9 ci-après*).

Art. 33. Les contre-maîtres, les employés du balisage et les mariniers qui fréquentent les fleuves, rivières et canaux navigables ou flottables, ne pourront avoir dans leurs bateaux ou équipages aucun filet ou engin de pêche, même non prohibé, sous peine d'une amende de 50 francs, et de la confiscation des filets. — A cet effet, ils seront tenus de souffrir la visite, sur leurs bateaux et équipages, des agents chargés de la police de la pêche, aux lieux où ils aborderont. — La même amende sera prononcée contre ceux qui s'opposeront à cette visite.

Art. 34. Les fermiers de la pêche et les porteurs de licences, et tous pêcheurs en général, dans les rivières et canaux désignés par les deux premiers paragraphes de l'article 1er de la présente loi, seront tenus d'amener leurs bateaux, et de faire l'ouverture de leurs loges et hangars, bannetons, bûches, et autres réservoirs ou boutiques à poisson, sur leurs cantonnements, à toute réquisition des agents et préposés de l'administration de la pêche, à l'effet de constater les contraventions qui pourraient être par eux commises aux dispositions de la présente loi. — Ceux qui s'opposeront à la visite, ou refuseront l'ouverture de leurs boutiques à poisson, seront, pour ce seul fait, punis d'une amende de 50 fr.

Art. 35. Les fermiers et porteurs de licences ne pourront user, sur les fleuves, rivières et canaux navigables, que du chemin de halage ; sur les rivières et cours d'eau flottables, que du marche pied. Ils traiteront de gré à gré avec les propriétaires riverains pour l'usage des terrains dont ils auront besoin pour retirer et asséner leurs filets.

Des poursuites en réparation de délit.

Art. 36. Le gouvernement exerce la surveillance et la police de la pêche dans l'intérêt général. — En conséquence, les agents spéciaux par lui institués à cet effet, ainsi que les gardes champêtres, éclusiers de canaux et autres officiers de police judiciaire, sont tenus de constater les délits qui sont spécifiés au titre IV de la présente loi, en quelques lieux qu'ils soient commis ; et lesdits agents spéciaux exerceront, conjointement avec les officiers du ministère public, toutes les poursuites et actions en réparation de ces délits.

Les mêmes agents et gardes de l'administration, les gardes champêtres, les éclusiers, les officiers de police judiciaire pourront constater également le délit spécifié en l'article 5, et ils transmettront leurs procès-verbaux au procureur du roi,

Art. 57. Les gardes-pêche nommés par l'administration sont assimilés aux gardes forestiers royaux.

Art. 39 (art. 161 Code forestier). Ils sont autorisés à saisir les *filets et autres instruments de pêche prohibés*, *ainsi que le poisson pêché en délit.*

Art. 40. Les gardes-pêche ne pourront, sous aucun prétexte, s'introduire dans les maisons et enclos y attenants pour la recherche des filets prohibés,

Art. 41. Les filets et engins de pêche qui auront été

saisis comme prohibés ne pourront, dans aucun cas, être remis sous caution ; ils seront déposés au greffe, et demeuront jusqu'après le jugement, pour être ensuite détruits.

Les filets non prohibés, dont la confiscation aurait été prononcée, en exécution de l'article 5, seront vendus au profit du Trésor. En cas de refus, de la part des délinquants, de remettre immédiatement le filet déclaré prohibé après la sommation du garde-pêche, ils seront condamnés à une amende de 50 fr.

Art. 42. Quant au poisson saisi pour cause de délit, il sera vendu, sans délai, dans la commune la plus voisine du lieu de la saisie, à son de trompe et aux enchères publiques, en vertu d'ordonnance du juge de paix ou de ses suppléants, si la vente a lieu dans un chef-lieu de canton, ou, dans le cas contraire, d'après l'autorisation du maire de la commune ; ces ordonnances ou autorisations seront délivrées sur la requête des agents ou gardes qui auront opéré la saisie, et sur la présentation du procès-verbal régulièrement dressé et affirmé par eux. Dans tous les cas, la vente aura lieu en présence du receveur des domaines, et à défaut, du maire ou adjoint de la commune ou du commissaire de police.

Art. 46. Dans le cas où le procès-verbal portera saisie, il en sera fait une expédition qui sera déposée, dans les vingt-quatre heures, au greffe de la justice de paix, pour qu'il en puisse être donné communication à ceux qui réclameraient les objets saisis. — Le délai ne courra que du moment de l'affirmation pour les procès-verbaux qui sont soumis à cette formalité.

Art. 47 (art. 170, Code forestier). Les procès-verbaux seront, sous peine de nullité, enregistrés dans les quatre jours qui suivront celui de l'affirmation ou celui de la clôture du procès-verbal, s'il n'est pas sujet à l'affirmation.

L'enregistrement s'en fera en débet. — *Loi du* 15 *avril* 1829.

Pêche fluviale.

Art. 1er. Les époques pendant lesquelles la pêche est interdite en vue de protéger la reproduction du poisson sont fixées comme suit :

1° Du 20 octobre au 31 janvier, est interdite la pêche du saumon, de la truite, de l'ombre chevalier et du lavaret.

2° Du 15 avril au 15 juin, est interdite la pêche de tous les poissons et de l'écrevisse.

Les interdictions prononcées dans les paragraphes précédents s'appliquent à tous les procédés de pêche, même à la pêche à la ligne flottante tenue à la main.

Art. 4. Quiconque, pendant la période de l'interdiction de la pêche, transportera ou débitera des poissons provenant des étangs et réservoirs, sera tenu de justifier de l'origine de ces poissons.

Art. 5. Les poissons saisis et vendus aux enchères, conformément à l'article 42 de la loi du 15 avril 1829, ne pourront pas être exposés de nouveau en vente.

Art. 6. La pêche n'est permise que depuis le lever jusqu'au coucher du soleil.

Toutefois, la pêche de l'écrevisse, de la lamproie et de l'anguille pourra être autorisée après le coucher et avant le lever du soleil, aux heures indiquées par un arrêté préfectoral. Cet arrêté déterminera, pour l'écrevisse, la lamproie et l'anguille, la nature et la dimension des engins dont l'emploi sera permis.

Art. 7. Le séjour dans l'eau des filets et engins ayant les dimensions règlementaires est permis à toute heure, sous la condition qu'ils ne pourront être placés et relevés que depuis le lever jusqu'au coucher du soleil.

Art. 8. Les dimensions au-dessous desquelles les poissons et écrevisses ne pourront être pêchés, même à la ligne flottante et devront être immédiatement rejetés à l'eau, sont déterminées comme il suit pour les diverses espèces :

1° Les saumons et anguilles, 25 centimètres de longueur ;

2° Les truites, ombres chevaliers, ombres communs, carpes, brochets, barbeaux, brêmes, meuniers, muges, aloses, perches, gardons, tanches, lottes, lamproies et lavorets 14 centimètres de longueur.

3° Les soles, piles et flets, 10 centimètres de longueur ;

4° Les écrevisses à pattes rouges, 8 centimètres de

longueur, celles à pattes blanches, 6 centimètres de longueur.

La longueur des poissons ci-dessus mentionnés sera mesurée de l'œil à la naissance de la queue, celle de l'écrevisse de l'œil à l'extrémité de la queue déployée.

Art. 9. Les mailles des filets, mesurées de chaque côté, après leur séjour dans l'eau, et l'espacement des verges des bires, nasses et autres engins employés à la pêche des poissons auront les dimensions suivantes :

1° Pour les saumons, quarante millimètres au moins ;

2° Pour les grandes espèces, autres que le saumon et l'écrevisse, vingt-sept millimètres au moins ;

3° Pour les petites espèces, telles que goujons, loches, vérons, ablettes et autres, dix millimètres.

La mesure des mailles sera prise avec une tolérance d'un dixième.

Il est interdit d'employer simultanément à la pêche des filets ou engins de catégorie différente.

Art. 11. Les filets fixes ou flottants, et les engins de toute nature, ne pourront excéder en longueur les deux tiers de la largeur mouillée des cours d'eau où on les manœuvrera. Plusieurs filets ou engins ne pourront être employés simultanément sur la même rive ou sur deux rives opposées qu'à une distance au moins triple de leur développement.

Lorsqu'un ou plusieurs des engins employés sont en partie fixes et en partie mobiles, les distances entre les parties fixées à demeure sur la même rive ou sur les rives opposées doivent être au moins triples du développement total des parties fixes et mobiles mesurées bout à bout.

Art. 12. Les filets fixes employés à la pêche doivent être soulevés par le milieu pendant trente-six heures de chaque semaine, du samedi à six heures du soir au lundi à six heures du matin, sur une longueur équivalente au dixième de leur développement ; et de manière à laisser entre le fond et la ralingue inférieure un espace libre de cinquante centimètres au moins de hauteur.

Art. 13. Sont prohibés tous les filets traînants, à l'exception du petit épervier jeté à la main et manœuvré par un seul homme.

Sont réputés traînants, tous filets coulés à fond au moyen de poids et promenés sous l'action d'une force quelconque.

Est pareillement prohibé l'emploi des lacets ou collets.

Art. 14. Il est interdit :

D'établir dans les cours d'eau des appareils ayant pour objet de rassembler le poisson dans les noues, boires, fossés ou mares dont il ne pourrait plus en sortir, ou de le contraindre à passer par une issue garnie de piéges ;

Art. 15. Il est également interdit :

1° D'accoler aux écluses, barrages, chutes naturelles, pertuis, vannages, coursiers d'usines et échelles à poissons des nasses, paniers et filets à demeure ;

2° De pêcher, avec tout autre engin que la ligne flottante tenue à la main, dans l'intérieur des écluses, barrages, pertuis, vannages, coursiers d'usines et passages ou échelles à poissons ; ainsi qu'à une distance moindre de trente mètres en amont et en aval de ces ouvrages ;

3° De pêcher à la main, de troubler l'eau et de fouiller au moyen de perches sous les racines ou autres retraites fréquentées par le poisson ;

De se servir d'armes à feu, de poudre de mine, de dynamite ou de toute autre substance explosive.

Art. 17. Il est interdit de pêcher dans les parties de rivières, canaux ou cours d'eau dont le niveau serait accidentellement abaissé, soit pour y opérer des curages ou des travaux quelconques, soit par suite de chômage des usines ou de la navigation.

Art. 21. Les dispositions du présent décret ne sont pas applicables au lac Léman et à la Bidassoa, lesquels restent soumis aux lois et règlements qui les régissent spécialement. — *Décret du 10 août 1875.*

Pêche côtière.

Art. 1er. La pêche de tous poissons, crustacés et coquillages, autres que les huîtres, est libre pendant toute l'année à une distance de trois milles au large de la laisse de basse mer.

La pêche des huîtres est libre du 1er septembre au 30 avril, sur les bancs hors baies ou situés à trois milles des côtes, avec tous bateaux pontés, ou non pontés sans tonnage déterminé.

Les pêcheurs sont tenus d'observer dans les mers situées entre les côtes de France et celle du royaume uni de la Grande-Bretagne et d'Irlande, les prescriptions de la convention du 2 août 1839 et du règlement international du 23 juin 1843.

Art. 2. Sur la demande des prud'hommies des pêcheurs, de leurs délégués, et à défaut, des syndics de gens de mer, certaines pêches peuvent être temporairement interdites sur une étendue de mer au-delà de trois milles du littoral, si cette mesure est commandée par l'intérêt de la conservation des fonds ou de la pêche de poissons de passage.

L'arrêté d'interdiction est pris par le préfet maritime.

Art. 3. En dehors de trois milles des côtes, la pêche des poissons, crustacés et coquillages, autres que les huîtres, est permise toute l'année, de jour et de nuit, sous les conditions ci-après :

1° Les filets fixes, à simple, double ou triple nappe, et les filets à poche auront des mailles d'au moins 25 millimètres en carré.

Les marins peuvent en faire usage en bateaux ou autrement ;

2° Les filets flottants ne sont assujettis à aucune dimension de maille.

Sont assimilés aux filets flottants les filets fixes dont la ralingue inférieure est élevée de manière à laisser toujours un intervalle de 20 centimètres au moins entièrement libre au-dessous de ladite ralingue ;

3° La grande seine à jet aura des mailles de 25 millimètres en carré.

Les dimensions des mailles des filets employés dans la Méditerranée restent fixées telles qu'elles l'ont été par le décret du 19 novembre 1859, lorsque ces dimensions sont inférieures à celles prescrites par le présent décret.

Art. 4. Tous les filets, engins et instruments destinés à des pêches spéciales, telles que celles des anguilles, du nonat, des soclets, des chevrettes, lançons et pois-

sons de petites espèces, ne sont assujettis à aucune condition de forme, de dimension, de poids, de distance
ou d'époque.

L'emploi en est déclaré aux agents maritimes,

Ils ne peuvent servir qu'aux genres de pêches auxquels
ils sont destinés et pour lesquels ils ont été déclarés.

S'ils sont employés autrement, ils seront considérés
comme prohibés.

L'usage des foënes, hameçons et dragues à coquillages
n'est assujetti qu'aux mesures d'ordre et de police.

Les seines et filets destinés à la pêche des éperlans et
des mulets sont, s'il y a lieu, réglementés par les préfets
maritimes.

Art. 5. Continuent à être prohibés les guideaux, gords
et autres filets à poche, dans les fleuves, rivières et canaux et à leurs embouchures.

Art. 6. L'usage des filets traînants pour la pêche de
toutes espèces de poissons peut être, sur la proposition
des préfets maritimes, autorisé par des arrêtés de notre
ministre de la marine et des colonies, à moins de trois
milles de la côte, dans les localités où, soit à raison de
la profondeur des eaux, soit pour toute autre cause, il
ne présente aucun inconvénient.

Ces filets doivent avoir des mailles d'au moins 25 millimètres en carré.

Dans aucun cas, il n'est fait usage de filets traînants à
moins de 500 mètres des huîtrières.

Art. 7. Toute espèce de pêche, par quelque procédé
que ce soit, à moins de trois milles de la côte, peut, sur
une étendue déterminée du littoral, être temporairement interdite, lorsque l'interdiction est reconnue nécessaire pour sauvegarder soit la reproduction des espèces, soit la conservation du frai et du fretin.

L'interdiction est prononcée par un décret impérial,
rendu sur la proposition de notre ministre de la marine et des colonies.

Art. 8. Les préfets maritimes fixent par des arrêtés
les époques d'ouverture et de clôture de la pêche des
huîtres sur les bancs dans l'intérieur des baies et sur
ceux situés à moins de trois milles de la côte.

Ils déterminent les huîtrières qui seront mises en exploitation.

Cette pêche est interdite avant le lever et après le coucher du soleil.

A moins d'exception ordonnée par le préfet maritime, dans l'intérêt du nettoyage des bancs d'huîtres, les pêcheurs doivent immédiatement rejeter à la mer les poussiers, sables, graviers et fragments d'écailles, ainsi que les petites huîtres au-dessous des dimensions règlementaires.

Toutefois, dans les localités où il existe des étalages ou autres établissements propres à recevoir les petites huîtres, ces dernières peuvent y être déposées au lieu d'être rejetées sur les fonds.

Art. 9. Des fossés et réservoirs à poissons peuvent, après autorisation, être établis sur les propriétés privées recevant l'eau de la mer.

Les arrêtés d'autorisation rendus par notre ministre de la marine et des colonies déterminent, suivant la disposition et l'étendue des lieux, les conditions d'exploitation de ces réservoirs.

Sont permis, en se conformant aux règlements, les dépôts d'huîtres, de moules et de coquillages dans les propriétés privées.

Art. 10. A l'avenir, il ne sera établi aucune pêcherie à poissons, soit sur le domaine maritime, soit sur une propriété privée.

Les détenteurs de pêcheries actuellement existantes seront tenus, lorsqu'ils en seront requis et dans les délais ultérieurement déterminés, de justifier de leurs titres de propriété ou des actes d'autorisation.

Art. 11. Il est défendu de pêcher, de faire pêcher, d'acheter, de vendre, de transporter et d'employer à un usage quelconque :

1° Les poissons qui ne sont pas encore parvenus à la longueur de dix centimètres, mesurée de l'œil à la naissance de la queue, à moins qu'ils ne soient réputés poissons de passage ou qu'ils n'appartiennent à une espèce qui, à l'âge adulte, reste au-dessous de cette dimension ;

2° Les homards et langoustes au-dessous de vingt centimètres, de l'œil à la naissance de la queue ;

3° Les huîtres au-dessous de cinq centimètres. — *Décret du* 10 *mai* 1862.

Pigeons. — Le fait de ne pas exécuter le règlement municipal qui prescrit d'enfermer les pigeons à certaines époques fixées, est une contravention punie par l'article 471 n° 15 du Code pénal.

Pistolets. — V. *Armes.*

Plaques de voiture. — V. *Roulage.*

Poids et mesures. — Doivent être saisis : tous les poids, mesures, instruments de pesage et mesurage altérés ou défectueux ou qui ne seraient pas revêtus des marques légales de la vérification.

Les agents de police n'ont pas qualité pour constater les infractions à l'ordonnance concernant les poids et mesures.

Les inspecteurs de police et les gardes champêtres, comme officiers de police judiciaire, peuvent dresser des procès-verbaux aux contrevenants.

Police militaire (Rapport avec les agents). — Les chefs de poste sont tenus de prêter main-forte aux agents pour procéder à l'arrestation d'individus désignés comme délinquants ou des perturbateurs de l'ordre public.

Dans aucun cas, ils ne marchent eux-mêmes et ne dégarnissent leur poste de plus de la moitié.

Ils doivent protéger toute personne dont la sûreté est menacée ; ils font arrêter les individus poursuivis par la clameur publique ou surpris en flagrant délit, conformément à l'article 106 du Code d'instruction criminelle.

Ils reçoivent tout individu qui est amené à leur poste par les agents de police. Ces agents doivent faire connaître le caractère public dont ils sont revêtus. Ils écrivent et signent leur réquisition sur le registre du poste.

Poudres. — Les agents de police n'ont pas qualité pour constater les contraventions sur la fabrication, la vente et le colportage des poudres à feu. Les gardes champêtres, en leur qualité d'agents assermentés, sont aptes à les constater.

Procès-verbaux. — Les procès-verbaux sont les actes par lesquels les magistrats, les officiers de police judiciaire, les agents de l'autorité ou de *la force publique* constatent les crimes, les délits et les contraventions dont la recherche rentre dans leurs attributions.

Les agents de police ont le droit de constater par des procès-verbaux les actes qu'ils ont faits dans un cas de flagrant délit avant l'arrivée de l'auxiliaire du procureur. Ils agissent alors en qualité d'agents de la force publique.

Le même droit leur est dévolu, lorsqu'ils exécutent des mandements de justice.

Lorsqu'ils constatent des contraventions de police, ils ne peuvent dresser procès-verbal, car ils n'agissent alors que comme des agents municipaux auxquels la loi n'a donné mission de constater les contraventions que par de simples rapports qui n'ont, en justice, que la valeur que le juge croit devoir leur accorder.

Les procès-verbaux dressés par les agents de police, en leur qualité d'agents de la force publique, ne sont pas soumis à l'enregistrement, encore moins à l'affirmation.

Les gardes champêtres ne peuvent dresser des procès-verbaux que pour constater les délits et contraventions de police relatifs aux propriétés rurales.

Ils peuvent, en leur qualité d'agents de la force publique, dresser des procès-verbaux dans les cas et conditions exposés plus haut.

Prostitution. — L'inscription des filles publiques sur un registre spécial intéresse au plus haut point, l'ordre, la sûreté et particulièrement la santé publique.

S'il est indispensable de connaître, d'enregistrer et de soumettre à des précautions sanitaires les filles publiques qui descendent à ce dernier degré d'abjection, que de prudence ne faut-il pas pour discerner la nuance, trop souvent insensible, qui sépare les prostituées des femmes dont la conduite immorale inspire bien un égal mépris, mais ne présente pas cependant toutes les conditions qui caractérisent la prostitution.

Les filles publiques, dites *en cartes*, sont celles qui sont dans leurs meubles ou dans les maisons garnies.

Il leur est enjoint de représenter leur carte à toutes réquisitions des officiers ou agents de police.

Les filles, dites *en numéro*, habitent les lieux de prostitution connus sous le nom de *maisons de tolérance*.

Les arrêtés municipaux relatifs aux filles publiques doivent être l'objet d'une sérieuse attention de la part des agents ; ils doivent les faire exécuter d'une manière stricte.

On appelle *insoumises* les filles non encore inscrites, et qui se livrent à la prostitution depuis plus ou moins de temps.

Les agens qui arrêtent des *insoumises* doivent, dans leur rapport, donner tous les détails qui peuvent rendre certain le fait de prostitution habituelle.

Le fait de prostitution habituelle ne peut être établi que par la constatation de *l'habitude* d'une excitation quelconque à la débauche *sur la voie publique* ou dans *les lieux publics ;* mais on n'a pas le droit d'aller en chercher les preuves dans l'intérieur des habitations, ou de les demander à des indiscrétions constituant une invasion dans la vie privée des citoyens.

Toute fille publique qui commet une infraction

aux arrêtés de police réglementant la prostitution doit être conduite sur le champ devant le commissaire de police.

Il en est de même pour les maîtresses de maisons de tolérance, qui sont assimilées aux filles publiques,

Aux termes des articles 9 et 10 de la loi du 19 juillet 1791, les agents de police ont le droit de pénétrer dans les maisons de tolérance, lorsque ces lieux sont ouverts au public.

R

Rapport. — Nous avons déjà fait connaître, à l'article *des Contraventions*, la manière de faire un rapport. Nous estimions alors qu'il s'agissait de contraventions fugitives, de ces contraventions qui, la plupart du temps, cessent par le seul fait de leur constatation par les agents.

Mais lorsqu'il s'agit des contraventions permanentes, c'est-à-dire des contraventions qui existent depuis longtemps et qui ont été ignorées jusque-là, des contraventions qui intéressent particulièrement l'administration, il convient de faire un rapport spécial qui pourra servir de base, si l'autorité compétente le juge convenable, à une action judiciaire ou civile, suivant le cas.

La formule de rapport que nous donnons ci-après peut aussi être employée par les agents, lorsqu'il s'agit d'informer les commissaires de police d'événements divers parvenus à leur connaissance, ou pour rendre compte des renseignements qu'ils ont été chargés de recueillir.

VILLE
de ....

—

Police Municipale

—

RAPPORT DE POLICE.

Le soussigné a l'honneur de rendre compte à M. le Commissaire de Police de ce qui suit :

A.............le...............18...

L'agent de police.

Râtelage. — V. *Glanage.*

Rébellion. — L'attaque, la résistance avec violence et les voies de fait envers les gardes champêtres et les agents de police, agissant pour l'exécution des lois et ordonnances de l'autorité publique sont des délits prévus et punis par les articles 209 et suivants du Code pénal.

L'arrestation des coupables doit toujours être opérée dans le cas de flagrant délit. — V. *Formulaire,* p. 17.

Recéleurs. — Sont punis comme complices d'un crime ou délit, ceux qui, sciemment, auront recelé, en tout ou en partie, des choses enlevées, détournées ou obtenues à l'aide de ce crime ou délit. Code pénal, article 62.

Un des plus sûrs moyens d'arriver à connaître les voleurs, c'est la découverte des recéleurs. Le recel étant passible des mêmes peines que le vol proprement dit, doit être recherché avec la même activité, et d'autant plus que les recéleurs encouragent les voleurs par la facilité qu'ils leur donnent de se défaire des objets volés.

Récoltes. — L'article 388 du Code pénal punit quiconque aura volé ou tenté de voler dans les champs, des récoltes ou autres productions utiles de la terre, déjà détachées du sol, ou des meules de grains faisant partie des récoltes.

L'article 444 du même Code punit quiconque aura dévasté des récoltes sur pied, ou des plants venus naturellement ou faits de mains d'homme.

Refus de secours. — L'article 475 n° 12 du Code pénal punit ceux qui, le pouvant, auront refusé ou négligé de faire les travaux, le service, ou de prêter les secours dont ils auront été requis dans les circonstances d'accidents, tumultes, naufrage, inondation, incendie, ou autres calamités, ainsi que dans les cas de brigandages, pillages, *flagrant délit*, clameur publique ou d'exécution judiciaire.

La loi n'a déterminé ni la forme de la réquisition, ni le caractère de la personne qui a le droit de la faire. Elle admet ainsi toute forme et autorise à requérir tout agent chargé de faire cesser l'accident.

Ainsi, un individu qui refuse de prêter secours à un agent de police qui cherche à contenir et arrêter un individu en état d'ivresse, lorsque cet individu se livre à des actes de violence envers les personnes et fait rébellion à l'agent, commet une contravention qui tombe sous le coup de l'article 475 n° 12 du Code pénal. — V. *Main forte*.

Roulage.

Art. 8. Tout propriétaire ou conducteur de voiture qui aura fait usage d'une plaque portant un nom ou domicile faux ou supposé sera puni d'une amende de 50 à 200 francs, et d'un emprisonnement de six jours au moins et de six mois au plus.

La même peine sera applicable à celui qui conduisant une voiture dépourvue de plaque, aura déclaré un nom ou domicile autre que le sien ou que celui du propriétaire pour le compte duquel la voiture est conduite.

Art. 9. Lorsque, par la faute, la négligence ou l'imprudence du conducteur, une voiture aura causé un dommage quelconque à une route ou à ses dépendances, le conducteur sera condamné à une amende de **3 à 50** francs.

Il sera, de plus, condamné aux frais de réparation.

Art. 10. Sera puni d'une amende de 16 à 100 francs, indépendamment de celle qu'il pourrait avoir encourue pour toute autre cause, tout voiturier ou conducteur qui, sommé de s'arrêter par l'un des fonctionnaires ou agents chargés de constater les contraventions, refuserait d'obtempérer à cette sommation et de se soumettre aux vérifications prescrites.

Art. 13. Tout propriétaire de voiture est responsable des amendes, des dommages-intérêts et des frais de réparation prononcée, en vertu des articles du présent titre, contre toute personne préposée par lui à la conduite de sa voiture.

« Si la voiture n'a pas été conduite par ordre et pour le compte du propriétaire, la responsabilité est encourue par celui qui a préposé le conducteur.

Art. 15. Sont spécialement chargés de constater les contraventions et délits prévus par la présente loi, les gardes champêtres.........

Art. 16. Les contraventions prévues par les articles 4 et 6 ne peuvent, en ce qui concerne les voitures publiques allant au trot, être constatées qu'au lieu de départ, d'arrivée, de relais et de stations desdites voitures, ou aux barrières d'octroi, sauf toutefois celles qui concernent le nombre des voyageurs, le mode de conduite des voitures, la police des conducteurs, cochers ou postillons, et les modes d'enrayage.

Art. 18. Les procès-verbaux rédigés par les agents mentionnés au paragraphe premier de l'article 15 ci-dessus doivent être affirmés dans les trois jours, à peine de nullité, devant le juge de paix du canton ou devant le maire de la commune, soit du domicile de l'agent qui a verbalisé, soit du lieu où la contravention a été constatée.

Art. 19. Les procès-verbaux doivent être enregistrés en débet dans les trois jours de leur date ou de leur affirmation, à peine de nullité.

Art. 20. Toutes les fois que le contrevenant n'est pas domicilié en France, la voiture est provisoirement retenue, et le procès-verbal est immédiatement porté à la connaissance du maire de la commune où il a été dressé ou de la commune la plus proche sur la route que suit le prévenu.

« Le maire arbitre provisoirement le montant de l'amende, et, s'il a lieu, des frais de réparation, et il en ordonne la consignation immédiate, à moins qu'il ne lui soit présenté une caution solvable.

« A défaut de consignation ou de caution, la voiture est retenue jusqu'à ce qu'il ait été statué sur le procès-verbal. Les frais qui en résultent sont à la charge du

6

propriétaire. Le contrevenant est tenu d'élire domicile dans le département du lieu où la contravention a été constatée ; à défaut d'élection de domicile toute notification lui sera valablement faite au secrétariat de la commune dont le maire aura arbitré l'amende ou les frais de réparation.

Art. 21. Lorsqu'une voiture est dépourvue de plaque et que le propriétaire n'est pas connu, il est procédé conformément aux trois premiers paragraphes de l'article précédent.

« Il en est de même dans le cas de procès-verbal dressé à raison de l'un des délits prévus à l'article 8.

« Il sera procédé de la même manière à l'égard de tout conducteur de voiture de roulage ou de messageries, inconnu dans le lieu où il sera pris en contravention et qui ne serait point régulièrement muni d'un passeport, d'un livret ou d'une feuille de route à moins qu'il ne justifie que la voiture appartient à une entreprise de roulage ou de messageries ou qu'il ne résulte des lettres de voiture ou des autres papiers qu'il aurait en sa possession que la voiture appartient à celui dont le domicile serait indiqué sur la plaque. — Loi du 30 mai 1851.

Règlement sur la police du roulage et des messageries publiques.

Dispositions applicables à toutes les voitures.

Art. 1er. Les essieux de voiture ne pourront avoir plus de deux mètres cinquante centimètres (2 m. 50) de longueur ni dépasser à leurs extrémité le moyeu de plus de six centimètres.

« La saillie des moyeux y compris celle de l'essieu, n'exédera pas plus de douze centimètres (0 m. 12), le plan passant par le bord extérieur des bandes. Il est accordé une tolérance de deux centimètres (0 m. 2), sur cette saillie pour les roues qui ont déjà fait un certain service.

Art. 2. Il est expressément défendu d'employer des clous à tête de diamant. Tout clou de bande sera rivé à plat, et ne pourra lorsqu'il sera posé neuf, former une saillie de plus de cinq millimètres (0 m. 005).

Art. 3. Il ne peut être attelé :

1° Aux voitures servant au transport des marchandises, plus de cinq chevaux si elles sont à deux roues ; plus de huit si elles sont à quatre roues, sans qu'il puisse y avoir plus de cinq chevaux de file ;

« 2° Aux voitures servant au transport des personnes plus de trois chevaux si elles sont à deux roues ; plus de six si elles sont à quatre roues.

Art. 4. Lorsqu'il y aura lieu de transporter des blocs de pierre, locomotives ou d'autres objets d'un poids considérable, l'emploi d'un attelage exceptionnel pourra être autorisé, sur l'avis des ingénieurs ou des agents voyers, par les préfets des départements traversés.

« Les prescriptions de l'article 3 ne sont pas applicables sur les parties de routes ou de chemins vicinaux de grande communication affectées de rampes d'une déclivité ou d'une longueur exceptionelle.

Art. 5. Les limites de ces parties de routes ou de chemins sur lesquelles l'emploi des chevaux de renfort est autorisé sont déterminées par un arrêté du préfet sur la proposition de l'ingénieur en chef ou de l'agent voyer en chef du département et indiquées sur place par des poteaux portant cette inscription : *Chevaux de renfort.*

« Pour les voitures marchant avec relais réguliers et servant au transport des personnes ou des marchandises la faculté d'atteler des chevaux de renfort s'étend à toute la longueur des relais dans lesquels sont placés les poteaux.

« L'emploi de chevaux de renfort peut être autorisé temporairement sur les parties de route ou de chemin de grande communication, lorsque, par suite de travaux de réparations ou d'autres circonstances accidentelles, cette mesure sera nécessaire. Dans ce cas, le préfet fera placer des poteaux provisoires.

Art. 6. En temps de neige ou de verglas, les prescriptions relatives à la limitation du nombre des chevaux demeurent suspendues.

Art. 8. Pendant la traversée des ponts suspendus, les chevaux seront mis au pas, les voituriers ou rouliers tiendront les guides ou cordeaux ; les conducteurs et les postillons resteront sur leur siége.

« Défense est faite aux rouliers et autres voituriers de dételer aucun de leurs chevaux pour le passage du pont.

« Toute voiture attelée de plus de cinq chevaux ne doit pas s'engager sur le tablier d'une travée, quand il y a déjà sur cette travée une voiture d'un attelage supérieur à ce nombre de chevaux.

Art. 9. Tout roulier ou conducteur de voiture doit se ranger à sa droite, à l'approche de toute autre voiture, de manière à lui laisser libre au moins la moitié de la chaussée.

Art. 10. Il est interdit de laisser stationner sans nécessité sur la voie publique aucune voiture attelée ou non attelée.

Dispositions applicables aux voitures ne servant pas au transport des personnes.

Art. 11. La largeur du chargement des voitures qui ne servent pas au transport des personnes ne peut excéder deux mètres cinquante centimètres (2 m, 50). Toutefois, les préfets des départements traversés peuvent délivrer des permis de circulation pour les objets d'un grand volume qui ne seraient pas susceptibles d'être chargés dans ces conditions.

« Sont affranchies, conformément à la loi du 30 mai 1851, de toute réglementation de largeur de chargement, les voitures d'agriculture lorsqu'elles sont employées au transport des récoltes de la ferme aux champs, et des champs à la ferme ou au marché.

Art. 12. La largeur des colliers des chevaux ou autres bêtes de trait ne peut dépasser quatre-vingt-dix centimètres (0 m. 90), mesurés entre les points les plus saillants des pattes des attelles.

Art. 13. Lorsque plusieurs voitures marchent à la suite les unes des autres, elles doivent être distribuées en convois de quatre voitures au plus si elles sont à quatre roues et attelées d'un seul cheval ; de trois voitures au plus si elles sont à deux roues et attelées d'un seul cheval ; et de deux voitures au plus si l'une d'elles est attelée de plus d'un cheval.

« L'intervalle d'un convoi à l'autre ne peut être moindre de cinquante mètres.

Art. 14. Tout voiturier ou conducteur doit se tenir constamment à portée de ses chevaux ou bêtes de trait et en position de les guider.

« Il est interdit de faire conduire par un seul conducteur plus de quatre voitures à un cheval si elles sont à quatre roues, et plus de trois voitures à un cheval si elles sont à deux roues.

« Chaque voiture attelée de plus d'un cheval doit avoir un conducteur. Toutefois, une voiture dont le cheval est attaché derrière une voiture attelée de quatre chevaux au plus n'a pas besoin d'un conducteur particulier.

« Les règlements de police municipale détermineront en ce qui concerne la traversée des villes, bourgs et villages, les restrictions qui peuvent être apportées aux dispositions du présent article et de celui qui précède.

Art. 15. Aucune voiture marchant isolément ou en tête d'un convoi ne pourra circuler pendant la nuit sans être pourvue d'un fallot ou d'une lanterne allumée.

« Cette disposition pourra être appliquée aux voitures d'agriculture par des arrêtés des préfets ou des maires.

Art. 16. Tout propriétaire de voiture ne servant pas au transport des personnes est tenu de faire placer, en avant des roues et au côté gauche de sa voiture, une plaque métallique portant en caractères apparents et lisibles ayant au moins cinq millimètres (0 m. 005) de hauteur, ses nom, prénoms et profession, le nom de la commune, du canton et du département de son domicile.

« Sont exceptées de cette disposition, conformément à la loi du 30 mai 1851 :

1° Les voitures particulières destinées au transport des personnes, mais étrangères à un service public de messageries ;

2° Les malles-postes et autres voitures appartenant à l'administration des postes ;

3° Les voitures d'artillerie, chariots et fourgons appartenant aux départements de la guerre et de la marine ;

4° Les voitures employées à la culture des terres, au transport des récoltes, à l'exploitation des fermes, qui se rendent de la ferme aux champs ou des champs à la ferme, ou qui servent au transport des objets récoltés du lieu où ils ont été recueillis jusqu'à celui où, pour les conserver ou les manipuler, le cultivateur les dépose ou les rassemble. »

Dispositions applicables aux voitures des messageries.

Art. 17. Les entrepreneurs des voitures publiques allant à destination fixe déclareront le siége principal de leur établissement, le nombre de leurs voitures, celui des places qu'elles contiennent, le lieu de destination, les jours et heures de départ et d'arrivée. Cette déclaration sera faite, dans le département de la Seine, au préfet de police, et, dans les autres départements, aux préfets ou sous-préfets.

« Ces formalités ne seront obligatoires pour les entrepreneurs actuels qu'au renouvellement de leurs voitures ou lorsqu'ils en modifieront la forme ou la contenance.

« Tout changement aux dispositions arrêtées par suite du premier paragraphe du présent article donnera lieu à une déclaration nouvelle.

« Aucune voiture ne peut être mise en circulation avant la délivrance de l'autorisation du préfet.

Art. 20. La largeur de la voie pour les voitures est fixée au minimum à 1 mètre 65 centimètres (1 m. 65), entre le milieu des jantes de la partie des roues reposant sur le sol.

« Toutefois, si les voitures sont à quatre roues, la voie de devant pourra être réduite à 1 mètre 55 centimètres (1 m. 55).

« En pays de montagnes, les entrepreneurs peuvent être autorisés, par les préfets, sur l'avis des ingénieurs et des agents-voyers, à employer des largeurs de voies moindres que celles réglées par les paragraphes précédents, mais à la condition que les voies seront au moins égales à la voie la plus large des voitures en usage dans la contrée.

Art. 21. La distance entre les axes des deux essieux, dans les voitures publiques à quatre roues, sera égale au moins à la moitié de la longueur des caisses mesurée à la hauteur de leur ceinture, sans pouvoir néanmoims descendre au-dessous de 1 mètre 55 centimètres (1 m. 55).

Art. 22. Le maximum de la hauteur des voitures publiques, depuis le sol jusqu'à la partie la plus élevée du chargement, est fixé à 3 mètres (3 m.) pour les voitures à quatre roues et à deux mètres soixante centimètres (2 m. 60) pour les voitures à deux roues.

« Il est accordé, pour les voitures à quatre roues, une augmentation de 10 centimètres (0 m. 10) si elles sont pourvues à l'avant-train de sassoires et contre-sassoir se formant chacune au moins un demi-cercle de 1 mètre 15 centimètres (1 m. 15) de diamètre, ayant la cheville ouvrière pour centre.

« Lorsque par application du troisième paragraphe de l'article 20, on autorisera une réduction dans la largeur de la voie, le rapport de la hauteur de la voiture avec la largeur de la voie sera, au maximum, de un trois-quarts.

« Dans tous les cas, la hauteur est réglée par une traverse en fer placée au milieu de la longueur affectée au chargement, et dont les montants, au moment de la visite prescrite par l'article 17, sont marqués d'une estampille constatant qu'ils ne dépassent pas la hauteur voulue ; ils doivent, ainsi que la traverse, être constamment apparents.

La bâche qui recouvre le chargement ne peut déborder ces montants ni la hauteur de la traverse.

Il est défendu d'attacher aucun objet en dehors de la bâche.

Art. 23. Les compartiments des voitures publiques seront disposés de manière à satisfaire aux conditions suivantes :

Largeur moyenne des places, 48 centimètres (0 48).

Largeur des banquettes, 45 centimètres (0 m. 45) :

Distance entre deux banquettes, 45 centimètres (0 m. 45) ;

Distance entre la banquette du coupé et le devant de la voiture, 35 centimètres (0 m. 35) ;

Hauteur du pavillon au-dessus du fond de la voiture, 1 mètre 40 centimètres (1 m. 40) ;

Hauteur des banquettes, y compris le coussin, 40 centimètres (0 m. 40).

Pour les voitures parcourant moins de 20 kilomètres et pour les banquettes à plus de trois places, la largeur moyenne des places pourra être réduite à 40 centimètres (0 m. 40) ;

Art. 31. Il peut être placé sur l'impériale une banquette destinée au conducteur et à deux voyageurs, ou à trois voyageurs lorsque le conducteur se placera snr le même siége que le cocher.

Cette banquette, dont la hautéur, y compris le coussin, ne dépassera pas 30 centimètres (0 m. 30), ne peut être recouverte que d'une capote flexible.

Aucun paquet ne peut être chargé sur cette banquette.

Art. 25. Le coupé et l'intérieur auront une portière de chaque côté.

La caisse de derrière ou la rotonde peut n'avoir qu'une portière ouverte à l'arrière.

Chaque portière sera garnie d'un marchepied.

Art. 26 Les essieux seront en fer corroyé, de bonne qualité, et arrêtés à chaque extrémité, soit par un écrou assujetti au moyen d'une clavette, soit par une boîte à huile, fixée par quatre boulons traversant la longueur du moyeu, soit par tout autre système qui sera approuvé par le ministre des travaux publics.

Art. 27. Toute voiture publique doit être munie d'une machine à enrayer agissant sur les roues de derrière et disposée de manière à pouvoir être manœuvrée de la place assignée au conducteur.

Les voitures doivent en outre être pourvues d'un sabot et d'une chaine d'enrayage, que le conducteur placera à chaque descente rapide.

Les préfets peuvent dispenser de l'emploi de ces appareils les voitures qui parcourent uniquement des pays de plaines.

Art. 28. Pendant la nuit, les voitures publiques seront éclairées par une lanterne à réflecteur placée à droite et à l'avant de la voiture.

Art. 29. Chaque voiture portera à l'extérieur, dans un endroit apparent, indépendamment de l'estampille délivrée par l'administration des contributions indirectes, le nom et le domicile de l'entrepreneur, et l'indication du nombre des places de chaque compartiment.

Art. 30. Elle portera à l'intérieur des compartiments : 1e le numéro de chaque place ; 2o le prix de la place depuis le lieu du départ jusqu'à celui d'arrivée.

L'entrepreneur ne peut admettre dans les compartiments de ses voitures un plus grand nombre de voyageurs que celui indiqué sur les panneaux, conformément à l'article 29.

Art. 31. Chaque entrepreneur inscrit sur un registre coté et paraphé par le maire le nombre des voyageurs qu'il transporte : il y inscrit également les ballots et paquets dont le transport lui est confié.

Il remet au conducteur, pour lui servir de feuille de route, une copie de cet enregistrement, et à chaque voyageur un extrait en ce qui le concerne, avec le numéro de sa place.

Art. 32. Les conducteurs ne peuvent prendre en route aucun voyageur, ni recevoir aucun paquet, sans en faire mention sur les feuilles de route qui leur ont été remises au point de départ.

Art. 33. Toute voiture publique dont l'attelage ne présentera de front que deux rangs de chevaux pourra être conduite par un seul postillon ou un seul cocher.

Elle devra être conduite par deux postillons ou par un cocher et un postillon, lorsque l'attelage comportera plus de deux rangs de chevaux.

Art. 34. Les postillons ou cochers ne pourront, sous aucun prétexte, descendre de leurs chevaux ou de leurs siéges.

Il leur est enjoint d'observer, dans les traversées des villes et des villages, les règlements de police concernant la circulation dans les rues.

Dans les haltes, le conducteur et le postillon ne peuvent quitter en même temps la voiture tant qu'elle reste attelée.

Avant de remonter sur son siége, le conducteur doit s'assurer que les portières sont exactement fermées.

Art. 35. Lorsque, contrairement à l'article 9 du présent décret, un roulier ou conducteur de voiture n'aura pas cédé la moitié de la chaussée à une voiture publique, le conducteur ou postillon qui aurait à se plaindre de cette contravention devra en faire la déclaration à l'officier de police du lieu le plus rapproché, en faisant connaître le nom du voiturier d'après la plaque de sa voiture.

Art. 37. Les relayeurs ou leurs préposés seront présents à l'arrivée et au départ de chaque voiture, et s'assureront par eux-mêmes, et sous leur responsabilité, que les postillons ne sont pas en état d'ivresse.

La tenue des relais, en ce qui intéresse la sûreté des voyageurs, est surveillée, à Paris, par le préfet de police, et dans les départements, par les maires des communes où ces relais se trouvent établis.

Art. 38. Nul ne peut être admis comme postillon ou cocher, s'il n'est âgé de seize ans au moins et porteur d'un livret délivré par le maire de la commune de son domicile, attestant ses bonnes vie et mœurs et son aptitude pour le métier qu'il veut exercer.

Art. 39. A chaque bureau de départ et d'arrivée, et à chaque relai, il y a un registre coté et paraphé par le maire, pour l'inscription des plaintes que les voyageurs peuvent avoir à former contre les conducteurs, postillons ou cochers. Ce registre est présenté aux voyageurs à toute réquisition par le chef du bureau ou par le relayeur.

Les maîtres de poste qui conduisent des voitures publiques présentent, aux voyageurs qui le requièrent, le registre qu'ils sont obligés de tenir d'après les règlements des postes.

Art. 40. Les dispositions qui précèdent ne sont pas applicables aux malles-postes destinées au transport de la correspondance du gouvernement et du public, la forme, les dimensions, le chargement et le mode de conduite de ces voitures étant déterminés par des règlements particuliers.

Les voitures des entrepreneurs qui transportent les dépêches ne sont pas considérées comme malles-postes.

Art. 41. Les voitures publiques qui desservent les routes des pays voisins, et qui partent des villes frontières ou qui arrivent ne sont pas soumises aux règles ci-dessus prescrites. Elles doivent, toutefois, être solidement construites.

Art. 42. Les articles ci-dessus, de 16 à 38, seront constamment placardés, à la diligence des entrepreneurs des voitures publiques, dans le lieu le plus apparent des bureaux et des relais.

Les articles de 28 à 38 inclusivement seront imprimés à part et affichés dans l'intérieur de chacun des compartiments des voitures. — Décret du 19 août 1852.

Rupture de ban. — V. *Surveillance légale.*

S

Sages-femmes. — Aucune personne ne peut exercer la profession de sage-femme, sans être munie d'un diplôme, et sans qu'elle en ait justifié à l'autorité municipale.

Les agents de police doivent veiller à l'exécution de la loi à cet égard.

Saltimbanques. — Nul ne peut exercer, en France, la profession de saltimbanque, bateleur, etc., sans en avoir préalablement obtenu la permission.

Les agents doivent veiller à ce que les saltimbanques n'occupent que les lieux et places qui leur sont assignés, à ce qu'ils ne dépassent pas les heures fixées pour leurs exercices, en un mot, à ce que les prescriptions imposées soient strictement exécutées.

Ils doivent surtout surveiller les saltimbanques qui cherchent à exploiter la crédulité publique, qui débitent des drogues ou pratiquent des opérations chirurgicales.

La loi du 7 décembre 1874, art. 1er, dit : « Tout individu qui fera exécuter par des enfants de moins de seize ans des tours de force périlleux ou des exercices de dislocation. »

« Tout individu, autre que les père et mère, pratiquant les professions d'acrobate, saltimbanque, charlatan, montreur d'animaux ou directeur de cirque, qui emploiera dans ses représentations des enfants âgés de moins de seize ans, sera puni d'un emprisonnement de six mois à deux ans, et d'une amende de 16 à 200 fr.

« La même peine sera applicable aux père et mère exerçant les professions ci-dessus désignées qui emploiraient dans leurs représentations leurs enfants âgés de moins de douze ans. »

« Les pères, mères, tuteurs ou patrons qui auront livré, soit gratuitement, soit à prix d'argent, leurs enfants, pupilles ou apprentis âgés de moins de seize ans, aux individus exerçant les professions ci-dessus spécifiées, ou qui les auront placés sous la conduite de vagabonds, de gens sans aveu ou faisant métier de la mendicité, seront punis des peines portées en l'article 1er. »

« La même peine sera applicable à quiconque aura déterminé des enfants âgés de moins de seize ans à quitter le domicile de leurs parents ou tuteurs pour suivre des individus des professions sus-désignées. »

« Tout individu exerçant l'une des professions spécifiées à l'article 1er de la susdite loi devra être porteur de l'extrait des actes de naissance des enfants placés sous sa conduite, et justifier de leur origine et de leur identité par la production d'un livret ou d'un passeport. » — V. *Formulaire*, p. 18.

Secours. — V. *Refus, Asphyxiés*.

Signalements. — Les agents doivent inscrire sur leurs carnets tous les signalements qui leur sont communiqués, de façon à pouvoir constamment s'occuper de la recherche des individus signalés. Ils ne doivent pas croire que parce qu'ils sont chargés

d'un service spécial il leur est permis de se désinté-
resser dans la recherche des malfaiteurs.

Lorsque les agents auront un signalement à prendre, ils le feront de cette manière :

Age........ taille........... cheveux......
sourcils....... front......... yeux...... nez...
bouche....... barbe.... menton..... visage....
teint........ signes particuliers...............
vêtements : (*indiquer exactement la nature, la qualité et la couleur*).

Sociétés secrètes. — Les sociétés secrètes
sont défendues.

Les agents doivent signaler au commissaire de police les sociétés secrètes dont ils auraient découvert
l'existence.

L'affiliation à l'association internationale des tra-
vailleurs est un délit prévu et puni par l'article 2 de
la loi du 14 mars 1872.

Somnambulisme. — L'exercice du somnambulisme ou du magnétisme, comme métier intéressé,
constitue la contravention prévue et punie par l'article 479 n° 7 du Code pénal.

La simple annonce de cette profession suffit pour
faire appliquer à ceux qui l'exercent la peine portée
par cet article.

Souscriptions. — Les agents doivent signaler
au commissaire de police l'existence des souscriptions ayant pour objet d'indemniser des amendes,
frais, dommages et intérêts prononcés par des con-
damnations judiciaires et relatives à des procès de
presse.

Surveillance légale. — Loi du 23 janvier 1874.
— Tout condamné qui se rendra à sa résidence rece-
vra une feuille de route réglant l'itinéraire dont il ne
pourra s'écarter, et la durée de son séjour dans chaque lieu de passage (art. 44, C. p.).

En cas de désobéissance aux susdites dispositions, l'individu mis sous la surveillance de la haute police sera condamné par les tribunaux correctionnels à un emprisonnement qui ne pourra excéder cinq ans (art. 45).

Les passeports des condamnés libérés ne portent plus les signes recognitifs F. R. C. On inscrit seulement avant la date la mention suivante : « Délivré en exécution de la loi du 23 janvier 1874. » V. *Formulaire*, p. 19.

T

Tabac. — V. *Poudres à feu*.

Tapage injurieux ou nocturne. — V. *Bruits*.

Tentative de crime ou délit. — Toute tentative de crime qui aura été manifestée par un commencement d'exécution, si elle n'a été suspendue ou si elle n'a manqué son effet que par des circonstances indépendantes de la volonté de son auteur, est considérée comme le crime même.

Théâtres. — Les agents doivent étudier avec soin les arrêtés relatifs à la police des théâtres et en assurer l'exécution.

Timbre. — *Timbre des quittances, décharges.* — Les gardes champêtres et les agents de police ont qualité pour constater les contraventions à la loi du 23 août 1871, article 18. Un quart des amendes recouvrées leur est attribué.

Tombeaux. — La violation de tombeaux est un délit prévu et puni par l'article 360 du Code pénal.

U

Usure. — La loi du 19 décembre 1850 punit le délit habituel d'usure d'une amende qui peut s'élever à la moitié des capitaux prêtés à usure et d'un emprisonnement de six jours à six mois.

Usurpation de fonctions. — L'usurpation est le fait d'individus s'immisçant dans les fonctions publiques, civiles ou militaires, ou faisant les actes de ces fonctions, délit prévu et puni par l'article 258 du Code pénal.

L'usurpation est encore le port d'un costume, d'un uniforme ou d'une décoration, sans titre légal. — Même Code, article 259.

En cas de flagrant délit ou de clameur publique, le coupable doit être mis en état d'arrestation.

V

Vagabondage. — Le vagabondage est un délit prévu et puni par les articles 269, 270 et 271 du Code pénal.

Pour constituer le vagabondage, il faut la réunion de trois circonstances :

1° *Défaut d'un domicile certain ;* 2° *absence de moyens d'existence ;* 3° *défaut d'un métier ou d'une profession.* L'absence d'une de ces trois circonstances suffit pour faire disparaître le délit.

Un enfant, âgé de moins de seize ans, ne peut être considéré comme vagabond, lorsqu'il a père, mère ou tuteur domiciliés, ou lorsqu'il est sous la tutelle de l'hospice.

L'article 277 du Code pénal punit de deux à cinq ans d'emprisonnement tout vagabond qui aura été saisi travesti d'une manière quelconque, ou porteur d'armes, bien qu'il n'en ait usé ni menacé, ou muni de limes, crochets ou autres instruments propres soit à commettre des vols ou d'autres délits, soit à lui procurer les moyens de pénétrer dans les maisons.

Est punissable tout vagabond qui sera trouvé porteur d'un ou de plusieurs effets d'une valeur supérieure à cent francs, et qui ne pourra justifier de leur provenance.

Il est des individus qui, quoique porteurs de passeports réguliers et paraissant exercer un métier, peuvent être considérés comme vagabonds. Nous voulons parler de ces faux colporteurs qui fréquentent, en général, les fêtes communales, les foires ou les marchés, qui parcourent les cafés et autres établissements publics, en apparence pour y débiter des marchandises, et en réalité pour s'y livrer, sous ce prétexte, au vol et à l'escroquerie.

D'ordinaire ces prétendus marchands ne sont guère nantis que de quelques lacets, quelques chaînes de métal, quelques cahiers de chansons, etc. — V. *Formulaire*, p. 20.

Vases de cuivre. — Lorsqu'un arrêté municipal défend aux charcutiers, tripiers, restaurateurs, etc., l'usage de vases de cuivre destinés à la cuisson des aliments, les agents doivent constater les contraventions, qui sont punies par l'article 471 n° 15 du Code pénal.

Vendanges. — L'article 475 n° 1 du Code pénal édicte une amende de 6 à 10 fr. contre ceux qui contreviennent aux bans des vendanges ou autres bans fixés par l'autorité.

Viol. — Le viol est un crime prévu et puni par l'article 332 du Code pénal.

Violon. — Nom donné à la chambre de sûreté affectée au service de police. Les agents ne doivent jamais oublier qu'avant de mettre un individu au violon il faut qu'il ait été fouillé le plus minutieusement possible.

Visites domiciliaires. — Les agents de police ne peuvent faire des visites domiciliaires, si ce n'est lorsqu'ils sont porteurs de mandats d'arrêt. Il en est de même des gendarmes et des gardes champêtres.

Voies de fait. — (*Violences légères, Rixes*). — Les auteurs de rixes, voies de fait et violences légères, pourvu qu'ils n'aient blessé ni frappé personne, sont passibles des peines édictées par l'article 606 du Code du 3 brumaire an IV.

Voirie. — On distingue deux sortes de voiries, la grande et la petite.

La police de la grande voirie appartient aux agents spéciaux dénommés à l'article 2 de la loi du 19 mai 1802.

La police de la petite voirie, qui comprend les chemins vicinaux et ruraux, ainsi que les rues des bourgs et villages, appartient aux maires, adjoints, commissaires de police, agents de police et gardes champêtres.

Les gardes champêtres ont qualité pour dresser des procès-verbaux en matière de grande voirie; il leur est même alloué un tiers des amendes sur les contraventions qu'ils constatent.

Voitures. — Dans les villes où un arrêté réglemente la circulation des voitures publiques, les agents doivent constater les contraventions qui sont punies par l'article 471 n° 15 du Code pénal.

Vol. — Le Code pénal, article 379, qualifie de vol toute soustraction frauduleuse d'une chose appartenant à autrui.

Dans le cas de flagrant délit, de clameur publique, ou lorsque les auteurs du vol sont trouvés nantis des objets volés, il y a lieu de procéder à l'arrestation immédiate des individus. — V. *Formulaire*, p. 21.

Volaille. — Lorsqu'un arrêté municipal interdit d'élever des volailles dans l'intérieur de la ville, les agents doivent constater les infractions qui tombent sous le coup de l'article 471 n° 15 du Code pénal.

Vote. — La police des salles de vote et leurs abords appartient aux présidents des colléges électoraux. Les agents ne peuvent stationner que sur la réquisition de ces derniers.

Lorsqu'ils se présentent pour voter, les agents doivent avoir le soin de quitter leurs armes, nul ne pouvant s'introduire armé dans un collége électoral.

FORMULAIRE

Nota. — Lorsqu'un individu, arrêté en flagrant délit, est conduit devant le Commissaire de Police, ce magistrat doit s'assurer si le procès-verbal de l'agent est convenablement rédigé, et, après avoir à son tour interrogé l'individu, il remplit un état qu'il joint au procès-verbal et transmet le tout au Parquet. — *V. Formulaire*, p. 24.

DÉPARTEMENT
d . . . .

—

VILLE d

—

SAISIE
D'AFFICHES
dépourvues de
timbre.

MICHEL Jacques,
âgé de 29 ans,
imprimeur,
rue Galant, 6,
à . . . . . .

PROCÈS-VERBAL

Aujourd'hui. . . . .
mil huit cent soixante-. . . . .
à . . . . .heures du. . . . .

Nous. . . . .

Agent de Police de la Ville d. . . . .

Rapportons qu'étant en tournée de ville et passant dans la rue d. . . . . avons aperçu, placardée sur le mur de la maison portant le n°. . . . ., une affiche annonçant un concert, dépourvue du timbre prescrit par la loi.

Nous avons aussitôt fait enlever cette affiche sur laquelle nous avons lu les noms de : Michel Jacques, imprimeur, rue Galant, 6, à. . . . .

Continuant nos recherches, nous avons encore trouvé trois affiches placardées dans les rues de l'Ours, de la Monnaie et des Bénédictins, affiches dépourvues de timbre et imprimées par le susdit imprimeur.

Lesdites affiches ont été saisies par nous pour servir de pièces de conviction.

De tout quoi, nous avons dressé, contre le nommé Michel, désigné ci-dessus, le présent procès-verbal pour valoir ce que de droit.

A. . . ., les jour, mois et an que dessus.

L. . . .. *agent de police.*

Vu, transmis par le Commissaire de Police à M. le Procureur de la République.

A

le

18

DÉPARTEMENT

d . . . .

—

Ville d. . . . .

—

COLPORTAGE

sans

autorisation

DAURE Alfred

âgé de 50 ans,

né à Paris,

sans domicile fixe.

Vu, transmis par le Commissaire de Police à M. le Procureur de la République.

A

le

18

PROCÈS-VERBAL

L'an mil huit cent . . . . et le
. . . . à . . . . . heures du . . . .
Nous . . . .
Agent de Police de la Ville d . . . .

Rapportons qu'étant de service sur le Cours avons aperçu un individu portant une balle renfermant des livres qu'il offrait en vente aux passants.

Nous étant approché de lui et l'ayant invité à nous montrer son autorisation préfectorale, il nous a répondu ne pas en avoir, et a ajouté qu'il était depuis peu dans le département, mais qu'il ferait des démarches pour s'en procurer une.

Interpellé sur ses nom, prénoms et qualités, il nous a déclaré se nommer : Daure Alfred, âgé de 50 ans, né à Paris, colporteur, sans domicile fixe.

Nous avons alors saisi les volumes qu'il portait, dont la liste se trouve ci-contre, et dressé contre lui le présent procès-verbal pour servir et valoir ce que de droit.

A . . . . . les jour, mois et an que dessus.

L . . . . . *agent de police.*

DÉPARTEMENT
d . . . .

Ville d . . . .

INFRACTION
à la loi
sur les
CRIEURS PUBLICS

JOURDAN Jean
âgé de 24 ans,
marchand de
journaux,
rue Nazareth,
h. . . . .

Vu, transmis par le Commissaire de Police à M. le Procureur de la République,

A

le

18

PROCÈS-VERBAL

L'an mil huit cent. . . . . .et le
. . . . .à . . . . .heures du. . . . . . .
Nous. . . . .
Agent de Police de la Ville d. . . . .

Rapportons que passant dans la rue Clauzel nous avons entendu un individu qui criait un journal et ajoutait la nouvelle de l'incident qui s'était produit à la Chambre des Députés à l'occasion d. . . . .

Nous nous sommes aussitôt approché de lui et lui avons fait observer qu'en criant autre chose que le titre de son journal il commettait une infraction à la loi du 10 décembre 1830.

Le susdit nous a répondu qu'il ignorait que ce fût défendu, qu'il avait fait de même jusqu'à ce jour, et que personne ne lui avait jamais rien dit.

Interpellé sur ses noms et qualités, il a déclaré se nommer: Jourdan Jean, âgé de 24 ans, marchand de journaux, demeurant rue Nazareth, 12, à. . . . .

De tout quoi, nous avons dressé le présent procès-verbal, les jour, mois et an que dessus.

L. . . . . *agent de police.*

DÉPARTEMENT
d......,....

Ville d....

CRIS

SÉDITIEUX

Arrestation
du nommé
BARTHE Jules,
âgé de 33 ans,
chapelier,
rue Aude, 9,
à.....

Vu, transmis par le Commissaire de Police à M. le Procureur de la République.

A

le

18

PROCÈS-VERBAL

L'an mil huit cent..............et le
...........à.....heures du..........

Nous, Martin Edmond et Duchier Georges, Agents de Police de la Ville d.......

Rapportons que nous trouvant sur la place de Strasbourg avons aperçu un individu qui pérorait au milieu d'un groupe de personnes.

Nous étant approchés, cet individu nous apercevant, s'est mis à crier : Tenez, regardez ces agents, ils sont payés pour nous faire taire, mais je parlerai quand même !

« Il n'en faut plus des présidents comme Mac-Mahon, en voilà assez ! Qu'on mette Rochefort ou Naquet et qu'on proclame la Commune !! »

Nous nous sommes aussitôt emparé de lui et l'avons conduit au poste de Police.

Interpellé sur ses noms et qualités, il a déclaré se nommer : Barthe Jules, âgé de 33 ans, chapelier, demeurant rue Aude, 9, à.........

L'ayant fouillé, nous avons trouvé sur lui les objets suivants............

Nous l'avons alors mis au violon à la disposition de M. le Commissaire de police et avons dressé le présent procès-verbal, les jour, mois et an que dessus.

Les agents de police,

MARTIN, **DUCHIER.**

DÉPARTEMENT
d..........

Ville d.....

EXCITATION

à la

DÉBAUCHE

Arrestation
de la nommée
GRANJEAN Jeanne
âgée de 50 ans,
sans profession,
dem¹ rue Curiol, 7,
à.....

*Vu, transmis par le Commissaire de Police
à M. le Procureur de la République.*

A

le

18

PROCÈS-VERBAL

L'an mil huit cent.........,.........et le
.............à.....heures du.........

Nous, Martin, Renaud, Duchier et Gorgel, Agents de Police de la Ville d........

Rapportons qu'ayant été informé que la femme Granjean, demeurant rue Curiol, 7, faisait métier d'exciter les mineurs à la débauche, nous nous sommes rendus dans ladite rue et nous sommes placés en observation devant la maison.

Nous n'avons pas tardé à y voir entrer deux jeunes filles et, bientôt après, deux individus.

Aussitôt, nous avons aperçu de la lumière dans les chambres du premier étage.

Nous nous sommes peu à peu approchés de la porte d'entrée et l'ayant trouvée entr'ouverte nous sommes entrés et, parvenus au premier étage, nous avons surpris la femme Granjean, seule, dans sa cuisine.

Nous lui avons aussitôt décliné nos qualités et l'avons sommée de nous accompagner dans la visite des chambres que nous allions faire.

Nous avons alors pénétré successivement dans les chambres et avons trouvé dans chacune d'elles un homme et une femme se livrant à l'acte vénérien.

Les ayant interrogés, nous avons reçu de chacun d'eux les déclarations suivantes:

1° **Peyre Lazare**, âgé de 28 ans, courtier, demeurant rue.........à.........

« Je me promenais avec mon ami Laissac lorsque
« dans la rue . . . . nous avons fait rencontre
« de deux jeunes filles. Nous les avons accostées et leur
« avons proposé de nous conduire chez elles. Elles ont
« accepté et nous ont conduits dans cette maison. La
« femme, ici présente, nous a menés dans les chambres
« et nous a demandé notre petit cadeau. Nous lui avons
« donné cinq francs chacun et elle s'est retirée. Je
« n'ai rien donné à la jeune fille. »

2° **Laissac Blaise**, âgé de 26 ans, commis, demeurant rue.........à.........
confirme la déclaration précédente.

3° **Roche Héléna**, âgée de 19 ans, modiste, demeurant rue.......à.........

« Je suis venue plusieurs fois avec des messieurs
« chez madame Granjean, toujours en compagnie de
« Roux Elodie, mon amie. Madame Granjean nous
« donnait la moitié de l'argent qu'elle recevait. J'ai
« connu Madame Granjean au magasin où elle venait
« souvent faire des emplettes »

4° **Roux Elodie**, âgée de 18 ans, modiste, demeurant rue.........à.........
confirme la déclaration de la fille Roche.

Interpellée, la susdite Granjean déclare se nommer Granjean Jeanne, âgée de 50 ans, sans profession, demeurant rue Curiol, 7, à....... et reconnaît les faits avancés par les filles Roche et Roux.

Nous l'avons alors conduite au poste et déposée au violon à la disposition de M. le Commissaire de Police.

De tout quoi, nous avons dressé le présent procès-verbal les jour, mois et an que d'autre part.

Les Agents de Police,

MARTIN, RENAUD, DUCHIER, GORGEL.

DÉPARTEMENT
d. . . . .

VILLE d. . . . . .

FILOUTERIE

ARRESTATION
du nommé
FAURE Léon, âgé
de 25 ans, chan-
teur-ambulant, na
tif du Thil (Oise),
sans domicile fixe.

Vu, transmis par le Commissaire de Police,
à M. le Procureur de la République,

A

le

18

PROCÈS-VERBAL

L'an mil huit cent. . . . . et le
. . . . à . . . . heures du. . . . . .
Nous, ...
Agents de Police de la ville d. . . . .
Rapportons que passant dans la rue de
. . . . avons fait rencontre du sieur
Jules, garçon de salle à l'Hôtel de la Mule
Noire, lequel nous a requis de nous transporter au susdit hôtel à l'effet d'arrêter
un inconnu qui, après s'être fait servir à
souper, avait déclaré ne pas avoir d'argent
pour payer.

Nous nous y sommes aussitôt rendus et
le sieur Saurin Octave, patron de l'hôtel,
nous a désigné un individu qui se trouvait
dans le petit salon de l'hôtel sous la surveillance de deux garçons.

Nous nous sommes approchés de lui et
l'ayant interpellé il nous a déclaré se nommer Faure Léon, âgé de 25 ans, natif du
Thil (Oise), chanteur-ambulant, sans domicile fixe.

Lui ayant demandé s'il était exact qu'il
eût fait une dépense de 2 fr. 50 sachant
qu'il ne pouvait la payer, le susdit Faure
nous a répondu affirmativement.

Nous l'avons alors conduit au bureau de
Police où l'ayant fouillé nous avons trouvé
sur lui les objets suivants : . . . .
En conséquence, nous avons déposé le
susdit Faure au violon à la disposition de
M. le Commissaire de Police et avons dressé
le présent procès-verbal.

A . . . . . . les jour, mois et an que dessus.

Les Agents de Police,

DÉPARTEMENT
d. . . . .

VILLE d. . . . . . .

Ivresse publique

TAXIL Marius,
âgé de 23 ans, na-
tif du Vigan
(Gard), chapelier,
dem¹ rue. . . . . .
à . . . .

Vu, transmis par le Commissaire de Police, au Ministère Public, près le Tribunal de simple police.

A

le

18

RAPPORT

L'an mil huit cent. . . . . et le
. . . . à . . . . . . heures du. . . . . .
Nous, ...
Agents de Police de la Ville d. . . . .
Rapportons que passant dans la rue
. . . . .avons aperçu un grand rassemblement.

Nous nous sommes approchés aussitôt
et avons vu un individu qui était dans
un état d'ivresse manifeste et occasionnait
par ses paroles et ses gestes un véritable
scandale.

Nous nous sommes alors emparés de lui
et l'avons conduit au poste de police, où,
après l'avoir fouillé, nous l'avons déposé
au violon, conformément à l'art. 11 de la
loi du 23 janv. 1873.

Et de même suite, ce matin (*date du
jour et heure*) nous avons extrait ledit individu du violon, lequel sur nos interpel-
lations a déclaré ce qui suit :

Je me nomme Taxil Marius, âgé de
23 ans, natif du Vigan (Gard), chapelier,
demeurant rue . . . . à . . . .

Cette déclaration ayant été reconnue
exacte nous avons mis le susdit Taxil en
liberté.

Et attendu que le nommé Taxil Marius
a été trouvé en état d'ivresse manifeste sur
la voie publique, avons à son encontre
dressé le présent rapport qui sera transmis
à M. le Commissaire de Police pour servir
et valoir ce que de droit.

A. . . . . . . les jour, mois et an que dessus.

Les Agents de Police,

RAPPORT

DÉPARTEMENT
d...........

VILLE d......

JEU DE HASARD

[Vigne Léon, âgé
de 32 ans, natif
d'Aubenas (Ardè-
che), boulanger,
dem' rue......
h. ....

L'an mil huit cent .... et le
.... à ...... heures du........
Nous , ...
Agents de Police de la Ville d...........

Rapportons que passant dans la rue
d .... avons aperçu un individu qui
faisait jouer du gibier.

Nous nous sommes approchés de lui et
avons constaté qu'il y avait sur la table le
jeu dit : *des trois coquilles.*

Nous avons aussitôt saisi le jeu et les
enjeux consistant en gibier de toutes sortes et en une somme de 1 franc 40, et
ayant interpellé l'individu qui tenait le jeu
il nous a déclaré se nommer Vigne Léon,
âgé de 32 ans, natif d'Aubenas (Ardèche),
boulanger, demeurant rue..... à ....

Nous l'avons alors conduit au poste de
Police et après nous être assurés de l'exactitude de sa déclaration , nous l'avons mis
en liberté.

Attendu que ce fait constitue une contravention à l'art. 475 n° 5 du Code pénal,
nous avons, contre Vigne, sus-désigné, rédigé le présent rapport, qui sera remis à
M. le Commissaire de Police pour servir et
valoir ce que droit.

A.......les jour, mois et an que dessus.

Les Agents de Police,

Vu, transmis par le Commissaire de Police au Ministère Public, près le Tribunal de simple police,

A   le   18

DÉPARTEMENT
d. . . . .

VILLE d. . . . .

Refus d'assistance

1· Laisné Paul,
âgé de 38 ans,
fondeur , dem^t
rue Granet , 16.

2· Lafay Pierre,
âgé de 26 ans,
commis négociant,
dem^t rue Cardi-
nale, 12, à . . . . .

Vu, transmis par le Commissaire de Police,
au Ministère Public, près le Tribunal de simple
Police.

A

le

18.

PROCÈS-VERBAL

L'an mil huit cent . . . . et le
. . . . à . . . . heures du . . . . . .

Nous M. . . . . . . Jean et D. . . . . .Charles,
Agents de Police de la Ville d . . . .

Rapportons que nous trouvant dans la rue de . . . . où venait d'éclater un incendie dans la maison appartenant au sieur X. . . . . . , nous avons requis deux individus qui passaient de nous prêter main-forte pour éteindre l'incendie, ce à quoi ils ont refusé d'obtempérer.

Nous les avons alors sommé de nous faire connaître leurs noms et qualités et le 1er a déclaré se nommer Laisné Paul, âgé de 38 ans, fondeur, demeurant rue Granet, 16, et le 2e Lafay Pierre, âgé de 26 ans, commis négociant, demeurant rue Cardinale, 12, tous deux à . . . .

Attendu que les nommés Laisné et Lafay en refusant de nous prêter assistance dans un cas d'incendie ont commis une contravention à l'art. 475 n° 12 du Code pénal, avons, à leur encontre, dressé le présent procès-verbal, qui sera remis à M. le Commissaire de Police pour servir et valoir ce que de droit.

A . . . . . les jour, mois et an que dessus.

Les Agents de Police,

VILLE d............	

N°

ARRESTATION

en suite d'un

Mandat d'Amener

d... nommé

X...........

....

....

inculpé

de

....

....

Vu par nous ; Commissaire de Police.

A

le

18

PROCÈS-VERBAL

L'an .... et le ....
à .... heures du ....

Nous (*nom, prénoms des agents*) agents de Police (*ou gardes champêtres*) à la résidence d ....

Agissant en vertu du mandat d'amener ci-joint décerné par M. le ....
.... nous sommes transportés au domicile du sieur X.................
demeurant à .... rue.............
où le susdit se trouvait et lui avons notifié le mandat dont nous étions porteurs et dont nous lui avons laissé copié, conformément à l'article 97 du Code d'instruction criminelle.

Ayant interpellé le sieur X.........
sur le point de savoir s'il était prêt à obéir audit mandat, il nous a répondu affirmativement.

Sur quoi, nous l'avons conduit devant M. le Procureur de la République et avons dressé le présent procès-verbal pour servir et valoir ce que de droit.

A .... les jour, mois et an que dessus.

(SIGNATURE DES AGENTS.)

VILLE
d............

N°
—

ARRESTATION
en suite d'un
MANDAT D'ARRÊT
d... nommé
X...............
....
....
inculpé
de
....
....

PROCÈS-VERBAL
—

L'an........... et le ....
à............

Nous .... agents de Police, à la résidence de............

Agissant en vertu du Mandat d'arrêt ci-joint décerné par M. le juge d'instruction d...............

Nous sommes transportés à........ et, nous trouvant en présence du sieur X............... dénommé au mandat susdit, nous lui avons notifié le mandat dont nous étions porteurs et lui en avons remis copie conformément à l'article 97 du Code d'instruction criminelle.

Ayant interpellé le sieur X......... sur le point de savoir s'il était prêt à obéir audit mandat, il nous a répondu affirmativement.

Sur quoi, nous l'avons conduit à la maison d'arrêt, où il a été écroué dans les formes voulues par la loi.

De tout quoi nous avons dressé le présent procès-verbal qui sera transmis à M. le Procureur de la République pour servir et valoir ce que de droit.

A .... les jour, mois et an que dessus.

(SIGNATURE DES AGENTS.)

DÉPARTEMENT
d . . . .

VILLE d. . . . . .

PERQUISITION

en suite d'un

MANDAT D'ARRÊT

de

M. le Juge d'Inst.
d. . . . . . .
décerné contre
SIGALLAS Eugène ,
âgé de 27 ans,
serrurier,
demeurant rue des
Nonnes , 8,
à
inculpé
de vols qualifiés.

Vu, par nous Commissaire de Police,

A   *le*   18

PROCÈS-VERBAL

L'an mil huit cent. . . . . .et le
. . . . à . . . . heures du . . . . .
Nous . . . .
Agents de Police de la Ville d . . . .
Agissant, en vertu du Mandat d'arrêt ci-
joint décerné par M. le Juge d'instruction
d . . . . . .
Nous sommes transportés au domicile
du nommé Sigallas Eugène , sis rue des
Nonnes, 8, à . . . . et y avons trouvé
une femme qui nous a déclaré se nommer
Arnaud Emilie, veuve Sigallas.
Nous lui avons aussitôt donné lecture du
mandat d'arrêt dont nous étions porteurs
et la susdite dame a répondu que son fils
Eugène était parti depuis plusieurs jours
et qu'elle ignorait le lieu où il se trouvait.
Nous avons alors requis les sieurs Vidal
André et Richaud Jules, voisins de la dame
Sigallas, de nous assister et avons procédé
sur le champ dans toutes les parties du
logement de la dame Sigallas à une minutieuse perquisition qui est demeurée infruc-
tueuse.
De tout quoi, avons dressé le présent
procès-verbal qui sera déposé au greffe
du Tribunal, et copie remise à M. le Commissaire de Police conformément à l'art.
109 du Code d'inst. criminelle.
Les sieurs Vidal André et Richaud Jules,
requis de signer avec nous, ont déclaré
ne le savoir.
A . . . . . les jours, mois et an que dessus.

Les Agents de Police,

7

PROCÈS - VERBAL

DÉPARTEMENT
d . . . .

VILLE d . . . . . .

TROMPERIE
sur la
QUANTITÉ

Testo Joseph,
âgé de 36 ans,
marchand boucher
dem¹ r. Fresque, 6
à . . . . . .

Vu, transmis par le Commissaire de Police, à M. le Procureur de la République,

A *le* *18*

L'an mil huit cent . . . . et le
. . . . à . . . . . . heures du . . . . .
Nous . . . .
Agents de Police de la Ville d . . . .
Rapportons qu'étant de service sur le marché avons vu venir à nous la dame Mathieu, rentière, demeurant rue . . . . . laquelle nous a dit qu'elle avait acheté un kilog de viande de bœuf, chez le sieur Testo, boucher, rue Fresque, 6, et qu'elle avait reconnu une différence en moins de 215 grammes;

Nous nous sommes alors approchés de la boutique du susdit Testo et au moment où une femme sortait nous l'avons accostée et lui avons demandé ce qu'elle venait d'acheter. Elle nous a déclaré qu'elle avait acheté un kilog de viande de mouton et un demi-kilog de viande de veau au prix de. . . .

Nous l'avons invitée à retourner sur ses pas et avons pesé, en présence du sieur Testo, la viande de cette dame.

Nous avons trouvé sur la viande de mouton une différence en moins de 120 grammes et sur la viande de veau une différence de 90 grammes.

Ladite dame ayant dit se nommer Davin Marie, épicière, rue . . . . . , nous avons alors interpellé ledit Testo, qui a déclaré se nommer Testo Joseph, âgé de 36 ans, natif des Martigues (B.-du-Rh.) marchand

boucher, demeurant rue Fresque, 6, à
.... Il a ajouté que c'était la première fois qu'une erreur semblable se pro-
duisait et qu'à l'avenir il prendrait garde
à ce qu'elle ne se renouvelle plus.

De tout quoi nous avons dressé le présent procès-verbal qui sera remis à M. le
Commissaire de Police pour servir et valoir
ce que de droit.

A ...... les jour, mois et an que dessus.

Les Agents de Police,

DÉPARTEMENT
d . . . .

VILLE d . . . . . .

ARRESTATION
du nommé
Gɪɴᴏᴜx Charles,
âgé de 24 ans,
charpentier,
demeurant à . . . .
inculpé de
MENDICITÉ.

Vu, transmis par le Commissaire de Police,
à M. le Procureur de la République,
A
le
18

PROCÈS.-VERBAL

L'an mil huit cent . . . . et le
. . . . à . . . . . . .heures du. . . . . .
Nous . . . .
Agents de Police de la Ville d . . . .
Rapportons que passant dans la rue d . . .
avons aperçu un individu qui allait de
porte en porte et demandait l'aumône.

Nous nous sommes approché de lui et
l'avons saisi au moment où il venait de
recevoir l'aumône d'une dame habitant
la maison portant le n° 16 de la susdite
rue . . . .

Conduit au poste de Police, il a déclaré
se nommer Ginoux Charles, âgé de 24 ans,
natif de Bordeaux, charpentier, demeurant
à . . . . . . .et a ajouté que n'ayant pas de
travail, il s'était vu réduit à vivre de mendicité.

L'ayant fouillé il a été trouvé sur lui les
objets suivants : . . . . ,

Et attendu que le susdit Ginoux a été
surpris en flagrant délit de mendicité, nous
l'avons déposé au violon à la disposition
de M. le Commissaire de Police et avons
dressé le présent procès-verbal pour servir et valoir ce que de droit.

A . . . . . les jour, mois et an que dessus.

L'Agent de Police,

DÉPARTEMENT

d . . . .

VILLE d . . . . . .

DÉGRADATION

d'objets destinés à
l'utilité publique.

BONNARD Auguste,
âge de 20 ans,
Etudiant,
natif de Tarascon,
(B.-du-Rh).
dem* rue . . . . . .
à . . . .

---

*Vu, transmis par le Commissaire de Police,
à M. le Procureur de la République,*

A

le

18

PROCÈS-VERBAL

L'an mil huit cent. . . . . et le
. . . . à . . . . heures du. . . . . .

Nous . . . .
Agents de Police de la ville d. . . . .

Rapportons que nous trouvant dans la
rue de. . . . . avons aperçu un individu
qui, à grands coup de pierre, cassait le reverbère qui fait le coin de la rue de. . . . . .

Nous nous sommes aussistôt mis à sa
poursuite et l'ayant atteint dans la rue de
. . . . nous l'avons conduit au poste
de Police.

Interpellé, il a déclaré se nommer Bonnard Auguste, âgé de 20 ans, étudiant, natif de Tarascon (B.-du-Rh.), demeurant
rue. . . . . à . . . .

Lui ayant demandé pour quel motif il
avait dégradé le reverbère de la rue de
. . . . il nous a répondu qu'il s'agissait d'une plaisanterie.

Son identité nous paraissant suffisam-
ment établie, nous l'avons laissé en liberté
et avons dressé contre lui le présent procès-verbal, qui sera transmis à M. le Commissaire de Police pour servir et valoir ce
que de droit.

A. . . . . . . les jour, mois et an que dessus.

Les Agents de Police,

PROCÈS-VERBAL

L'an mil huit cent............. et le
.............à........ heures du ......
Nous....,,...................
agent de Police de la ville d...........
Rapportons que passant dans la rue de
..............avons aperçu, stationnant
devant la boutique du sieur Brissac, mercier, une charrette attelée et dont le conducteur était absent.

Nous nous sommes alors mis en mesure
de relever les noms portés sur la plaque,
lorsque tout-à-coup le sieur Brissac est
sorti de son magasin et nous a interpellé
en ces termes: « *Est-ce que vous auriez
le courage de faire un procès-verbal?
vous n'avez donc pas honte, tas de fai-
néants que vous êtes, de tracasser les
gens?* »

Nous l'avons aussitôt saisi et l'avons
sommé de nous suivre devant le commissaire de Police « *je vais vous suivre, a t-il
répondu, mais demain vous aurez de mes
nouvelles.* »

Arrivés au poste nous lui avons demandé
ses noms et qualités, et il nous a dit se
nommer Brissac Jean, âgé de 40 ans, natif
d'Alais (Gard), mercier, demeurant, rue..
..............à..............
Nous l'avons alors déposé au violon à la
disposition de M. le Commissaire de Police
et avons, contre lui, dressé le présent procès-verbal.

A .... les jour, mois et an
que dessus.

L'AGENT DE POLICE,

PROCÈS-VERBAL

DÉPARTEMENT
d..........

VILLE d.....

REBELLION

Trouche Gustave,
âgé de 48 ans,
corroyeur,
dem'rue....
à..........

ARRÊTÉ

*Vu, transmis par le Commissaire de Police,
à M. le Procureur de la République.*

A   le   18

L'an mil huit cent............et le
.............à.......heures du....
Nous.....................................
agents de Police de la ville d..........

Rapportons que nous trouvant de service au théâtre, nous avons reçu l'ordre de M. le commissaire de Police de faire sortir un individu placé au parterre qui, par des sifflets, troublait la représentation.

Nous nous sommes rendus près de lui, et l'avons invité à nous suivre, ce à quoi il s'est refusé. Nous l'avons alors saisi, mais il nous a résisté violemment en nous donnant des coups de poing et en déchirant nos capotes.

D'autres agents étant survenus et nous ayant prêté main-forte, nous avons conduit cet individu au poste de Police.

Interpellé, il a dit se nommer Trouche Gustave, âgé de 48 ans, natif d'Elbœuf (Seine-Inférieure), corroyeur, demeurant rue.............à............

L'ayant fouillé, il a été trouvé porteur des objets suivants.:.............

Nous l'avons alors déposé au violon à la disposition de M. le Commissaire de Police, et avons dressé le présent procès-verbal pour servir et valoir ce que de droit.

A............les jour, mois et an que dessus.

LES AGENTS DE POLICE,

DÉPARTEMENT

d. . . . .

VILLE d. . . .

ARRESTATION

du nommé
Sénès Jacques,
âgé de 38 ans,
saltimbanque,
natif d'Orange
(Vaucluse),
sans
domicile fixe,
inculpé
d'avoir employé
dans
ses représentations
un enfant
âgé de 12 ans.

Vu, transmis par le Commissaire de Police à M. le Procureur de la République.

A

le.

18

PROCÈS-VERBAL

L'an mil huit cent . . . .
. . . . à . . . . heures du . . . . . .
Nous. . . . .
Agent de Police de la Ville d. . . . .

Rapportons qu'étant de service sur le
champ de foire avons aperçu un saltimbanque qui faisait exécuter des exercices
de dislocation à un enfant qui nous a paru
âgé de moins de 16 ans.

Nous avons alors invité cet individu à
nous montrer l'acte de naissance de cet
enfant. Il nous a répondu qu'il n'avait
aucuns papiers pour établir l'identité de
cet enfant, qui était le fils d'un de ses amis
demeurant à. . . . .

Nous avons ausssitôt interrogé l'enfant,
qui nous a dit s'appeler Tacel Georges,
âgé de 12 ans, natif de Rivesaltes (Pyr.-
Orient.) et être avec ce saltimbanque depuis peu de temps.

Interpellé, ce dernier a déclaré se
nommer Sénès Jacques, âgé de 38 ans,
saltimbanque, natif d'Orange (Vaucluse),
sans domicile fixe.

Nous avons alors déposé le susdit Sénès
au violon à la disposition de M. le Commissaire de Police et avons dressé le présent procès-verbal pour servir et valoir ce
que de droit.

A. . . . .les jour, mois et an que dessus.

L'Agent de Police,

DÉPARTEMENT

d . . . .

VILLE d . . .

ARRESTATION

du nommé

GAUDIN Isidore

âgé de 34 ans,

chaudronnier,

natif de Florac

(Lozère),

inculpé de

Rupture de ban.

Vu, transmis par le Commissaire de Police à M. le Procureur de la République.

A

le

18

PROCÈS-VERBAL

L'an mil huit cent. . . . . et le
. . . . à . . . . . heures du . . . .
Nous. . . . .
Agents de Police de la ville d . . . .

Rapportons que faisant la ronde des éta-blissements publics, avons aperçu dans l'auberge du Lion-d'Or, tenue par le sieur Abeille, et sise rue. . . . . un individu dont les allures nous ont paru suspectes.

Nous l'avons aussitôt abordé et lui avons demandé l'exhibition de ses papiers. Il nous a montré alors un passeport gratuit délivré par la Sous-Préfecture de. . . . . en exécution de la loi du 23 janvier 1874.

Lui ayant demandé pourquoi il ne s'était pas rendu dans la résidence qui lui avait été assignée, il nous a répondu. . . . .

Interpellé, il a dit se nommer Gaudin Isidore, âgé de 34 ans, natif de Florac (Lozère), chaudronnier.

Nous l'avons alors conduit au poste de Police et, après l'avoir fouillé, nous l'a-vons déposé au violon à la disposition de M. le Commissaire de Police,

De tout quoi, nous avons dressé le pré-sent procès-verbal pour servir et valoir ce que droit.

A. . . . . les jour, mois et an que dessus.

Les Agents de Police,

DÉPARTEMENT
d...........

VILLE d....

ARRESTATION

d nommé

(Nom et prénoms)

âgé de.....

profession de ...

demeurant à ...

inculpé de

Vagabondage

*Vu, transmis par le Commissaire de Police
à M. le

A

le

18*

PROCÈS-VERBAL

Aujourd'hui....................
mil huit cent soixante-
à.........heures du................
Nous.......................
Agent de Police de................
Rapportons que ce jourd'hui, à la susdite heure, passant dans la rue........
avons aperçu un individu *dont les allures nous ont paru suspectes.*

L'ayant interpellé, il nous a déclaré
se nommer (*nom, prénoms et surnoms,
âge, lieu de naissance, sa profession, son
domicile*), et a ajouté qu'il avait perdu ses
papiers tel jour, à tel endroit, qu'il n'avait
pas de moyens d'existence et se trouvait
sans domicile; nous l'avons alors conduit
au poste où, l'ayant fouillé, il a été trouvé
porteur des objets suivants: (*décrire très
exactement les objets trouvés sur l'individu*).

De tout quoi nous avons dressé le présent procès-verbal qui sera remis à M. le
Commissaire de Police de.........
pour y être donné telle suite que de droit.
A..... les jour, mois et an que dessus.

L.... Agent de Police.

DÉPARTEMENT
d . . . .

VILLE d. . . . . .

ARRESTATION
du nommé Vieil
Joseph, âgé de 28
ans, opticien, natif
d'Arles (B.-d.-R),
dem¹ rue . . . . .
à ; . . . .
inculpé de
VOL.

Vu, transmis par le Commissaire de Police à M. le Procureur de la République.

A

le

18

PROCÈS-VERBAL

L'an mil huit cent. . . . . et le
. . . . à. . . . heures du. . . . .
Nous . . . .
Agents de Police de la ville d. . . . .
Ayant été informés par le sieur X . . . .
demeurant rue. . . . . qu'un individu
de taille élevée, porteur d'une boîte en
bois renfermant des lunettes, lui avait
soustrait une montre en or déposée sur
la cheminée de son salon, et ce, pendant
une courte absence qu'il avait été obligé
de faire pour aller chercher dans sa
chambre une lorgnette de théâtre qu'il
voulait faire réparer,

Nous sommes aussitôt mis à sa recherche et l'avons rencontré dans la rue
de. . . . .

Nous l'avons invité à nous suivre au
poste de Police, et y étant arrivés nous
nous sommes empressés de le fouiller.

Nous avons trouvé sur lui une montre
en or portant le numéro donné par le
sieur X. . . .

Interpellé, cet individu a déclaré se
nommer Vieil Joseph, âgé de 28 ans, opticien, natif d'Arles (B.-du-Rh.), demeurant
rue. . . . . à. . . . . . . Il a ajouté qu'il avait
acheté cette montre d'une personne qu'il
ne peut désigner.

Nous l'avons alors déposé au violon à
la disposition de M. le Commissaire de
Police et avons dressé le présent procès-
varbal pour servir et valoir ce que de
droit.

A . . . . les jour, mois et an que dessus.

Les Agents de Police,

DÉPARTEMENT

d............

MÉMOIRE des frais de capture dus en vertu
de l'art. 6 du décret du 7 avril 1813 aux sieurs
Martin et Duchier, Agents de Police de la Ville
d................

VILLE d......

Nᵒˢ D'ORDRE	DATE des CAPTURES	NATURE du crime, délit ou contravention	AUTORITÉS qui ont requis les captures	DÉSIGNATION des actes en vertu desquels les captures ont eu lieu	MONTANT des CAPTURES

— 22 —

Nous, soussignés, Agents de Police, certifions véritable le
présent mémoire s'élevant à la somme de.................................
A.............le.....................18

MARTIN,   DUCHIER.

RÉQUISITOIRE

Nous, procureur de la République près le tribunal de 1re instance de............

Vu les art. 77 du règlement du 18 juin 1811, 6 du décret du 7 avril 1813, et attendu que les captures ont été faites hors la présence d'huissier, requérons conformément à l'art. 140 du règlement précité qu'il soit délivré exécutoire par M. le Président du tribunal sur la caisse du receveur de l'enregistrement pour le paiement de la somme................

A...........le............18...

EXÉCUTOIRE

Nous, Président du tribunal de 1re instance de......
Vu le réquisitoire ci-dessus.

Avons rendu exécutoire le présent mémoire pour la somme de ...,................... montant de la taxe que nous en avons faite et ordonnons que ladite somme soit payée aux sieurs Martin et Duchier, Agents de Police, par M. le Receveur de l'enregistrement d.....

A......le...........18.......

Pour acquit :

Ville d........   Commissariat
   (   )   de Police

—   **ETAT**   —

du nommé..........

inculpé de ....

---

1. Nom, prénoms et surnoms. . . . .
2. Date précise et lieu de la naissance. . . . .
3. Profession et domicile. . . . .
4. Nom et prénoms du père. . . . .
5. Nom et prénoms de la mère. . . . .
6. Est-il célibataire, marié ou veuf. . . . .
7. Nombre d'enfants. . . . .
8. Renseignements très précis sur la moralité,
    la conduite et les antécédents. . . . .
9. Ses moyens d'existence. . . . .
10. Depuis quelle époque habite-t-il
    la commune . . . .

A . . . . . . le . . . . 18 . . .

Le Commissaire de Police,

FIN.

www.ingramcontent.com/pod-product-compliance
Lightning Source LLC
Chambersburg PA
CBHW060546210326
41519CB00014B/3369